CRAIG GROESCHEL

EL

BENEFICIO

DE

DUDAR

CÓMO CONFRONTAR TUS PREGUNTAS MÁS PROFUNDAS
PUEDE LLEVAR A UNA FE ABUNDANTE

OTROS LIBROS DE CRAIG GROESCHEL

Caminé por una temporada de dudas en mi vida, y hubiera dado cualquier cosa por tener una guía como esta en ese momento. ¡Gracias, Craig, por normalizar estas luchas y no dejar a las personas atrapadas en ellas, sino por darles herramientas para conectarse con Dios de una manera más profunda a través de ellas!

—**JENNIE ALLEN**, fundadora y visionaria de IF:Gathering and Gather25; autora superventas del *New York Times*.

El beneficio de dudar es una guía oportuna y muy necesaria para cualquiera que esté lidiando con preguntas sobre la fe. Craig nos muestra cómo esas preguntas e incertidumbres pueden ser caminos hacia una relación más profunda con Dios, en lugar de ser una barrera para la fe. La sabiduría, perspicacia, transparencia y autenticidad de Craig te animarán a explorar tu fe, llevándote a una vida con mayor propósito y claridad.

—**CHRISTINE CAINE**, fundadora de A21 y Propel Women.

Craig Groeschel habla al santo y al cínico en *El beneficio de dudar*. Todos tenemos preguntas, y Craig abre la puerta de manera vulnerable para que la honestidad pura y la fe transformadora se encuentren. En lugar de sentirnos aislados en nuestras dudas, o incluso rechazados, *El beneficio de dudar* aporta claridad a la confusión de nuestros corazones y nos ofrece paz mientras seguimos reflexionando. Tu camino será fortalecido y renovado mientras examinas cuidadosamente al Dios que nos persigue incansablemente con paciencia y amor perfecto.

—**RICH WILKERSON JR.**, pastor principal de VOUS Church.

¿Te preocupa que tu fe no sea lo suficientemente fuerte? Craig Groeschel ha escrito *El beneficio de dudar* para ti. Léelo y verás que las dudas no son algo que temer; de hecho, pueden ser el camino hacia la fe sólida que siempre has deseado.

—**ARTHUR C. BROOKS**, profesor de Harvard; autor superventas del *New York Times*.

Tener dudas sobre Dios es algo que casi todos experimentamos. Esas dudas pueden fortalecer la fe de una persona o destruirla. En *El beneficio de dudar*, el pastor Craig ofrece una perspectiva bíblica para responder a todas las preguntas que puedas tener sobre el cristianismo.

—**SADIE ROBERTSON HUFF**, autora; oradora; fundadora de Live Original.

El pastor Craig Groeschel se ha convertido en un mentor para mí y para muchos en nuestra iglesia a través de sus escritos. Su última obra maestra, *El beneficio de dudar*, nos enseña que la duda no es un callejón sin salida, sino una puerta hacia una fe más profunda. Esta es una guía oportuna para cualquiera que esté luchando con lo que cree sobre Dios, y he aprendido que todos lo hacemos en algún momento. Así que cómpralo ahora o guárdalo para después, y consigue una copia para regalar. Este libro te ayudará a convertir tus preguntas en el mayor catalizador de crecimiento espiritual.

—**JONATHAN POKLUDA**, pastor principal de Harris Creek Baptist Church; autor superventas; anfitrión del podcast *Becoming Something*.

No es malo ni vergonzoso encontrarse en el valle de la duda cuando enfrentas grandes preguntas o circunstancias difíciles. ¡Craig Groeschel es un pastor, y él mismo ha estado ahí! Sabe lo que es estar rodeado de sombras, y a través de este libro, te muestra el camino de regreso a la luz.

Sorprendentemente, la duda redirigida puede profundizar nuestra fe en lugar de disminuirla. *El beneficio de dudar* es una guía compasiva que nos ayuda a hacer precisamente eso. Con honestidad y transparencia, el pastor Craig Groeschel aborda las preguntas difíciles que enfrentamos cuando la duda se presenta como un obstáculo, transformándola en una puerta hacia la confianza y la transformación.

En *El beneficio de dudar*, el pastor Craig Groeschel enfrenta las preguntas más difíciles con las que a menudo luchamos en nuestra fe. Crecí creyendo que si dudaba, no tenía una fe verdadera; sin embargo, este libro me recuerda que la fe más fuerte no es aquella que nunca duda, sino aquella que persevera a pesar de las dudas. Cuando dejamos de sentirnos juzgados por nuestras dudas y avergonzados por nuestras preguntas, comenzamos a ver que las dudas pueden profundizar nuestra fe y llevarnos a conocer más a Dios.

«Señor, creo. Ayuda mi incredulidad» es una respuesta profunda y poderosa que nuestro Salvador puede usar para llevarnos a una relación más profunda. Eso es precisamente lo que hace el pastor Craig en este magnífico libro. Dios utiliza la honestidad, las historias y las Escrituras para acercarnos al corazón de Dios.

¡Dudar, *no* es una mala palabra! Muchos creyentes atraviesan momentos de incertidumbre, y el último libro del pastor Craig, *El beneficio de dudar*, aborda magistralmente estas experiencias con profundidad y valentía. Este libro te ofrece una guía en el valiente proceso de permitir que tus dudas sean una invitación para profundizar tu fe. Un libro imprescindible para la era moderna.

En cada pregunta hay una búsqueda. Estoy agradecido por cómo el pastor Craig nos recuerda la esperanza que tenemos en Jesús mientras navegamos por el desafiante camino de nuestras dudas.

Este libro va directo al grano mientras Craig aborda algunas de las preguntas más difíciles que todos nos hacemos como creyentes. Si buscas sabiduría y una sacudida necesaria, este libro es para ti.

CRAIG GROESCHEL

EL BENEFICIO DE DUDAR

CÓMO CONFRONTAR TUS PREGUNTAS MÁS PROFUNDAS
PUEDE LLEVAR A UNA FE ABUNDANTE

Vida

La misión de Editorial Vida es ser la compañía líder en satisfacer las necesidades de las personas con recursos cuyo contenido glorifique al Señor Jesucristo y promueva principios bíblicos.

EL BENEFICIO DE DUDAR
Edición en español publicada por Editorial Vida – 2025
Nashville, Tennessee

© 2025 Craig Groeschel

Este título también está disponible en formato electrónico.

Publicado originalmente en EUA bajo el título:
The Benefit of Doubt
Copyright © 2025 por Craig Groeschel
Publicado con permiso de Zondervan, Grand Rapids, Michigan 49530.

Todos los derechos reservados
Prohibida su reproducción o distribución.

A Craig Groeschel lo representa Thomas J. Winters de Winters & King, Inc, Tulsa, Oklahoma.

A menos que se indique lo contrario, todas las citas bíblicas han sido tomadas de La Santa Biblia, Nueva Biblia de las Américas © 2005 por The Lockman Foundation. Usada con permiso, www.NuevaBiblia.com.

Las citas bíblicas marcadas «NTV» son de la Santa Biblia, Nueva Traducción Viviente, © Tyndale House Foundation, 2010. Usada con permiso de Tyndale House Publishers, Inc., 351 Executive Dr., Carol Stream, IL 60188, Estados Unidos de América. Todos los derechos reservados.

Las citas bíblicas marcadas «TLA» son de La Traducción en Lenguaje Actual © 2000 por Sociedades Bíblicas Unidas. Usada con permiso.

Los enlaces de la Internet (sitios web, blog, etc.) y números de teléfono en este libro se ofrecen solo como un recurso. De ninguna manera representan ni implican aprobación o apoyo de parte de Editorial Vida, ni responde la editorial por el contenido de estos sitios web ni números durante la vida de este libro.

Traducción: *Santiago Ochoa Cadavid*
Edición: *Interpret the Spirit*
Adaptación del diseño al español: *Interpret the Spirit*

ISBN: 978-0-82977-392-7
eBook: 978-0-82977-393-4
Audio: 978-0-82977-394-1

Número de control de la Biblioteca del Congreso: 2024950199

CATEGORÍA: Religión / Fe

IMPRESO EN ESTADOS UNIDOS DE AMÉRICA
PRINTED IN THE UNITED STATES OF AMERICA

24 25 26 27 28 LBC 5 4 3 2 1

Contenido

Una nota del autor

Creo que todos, ya sea un cristiano de toda la vida o un ateo convencido, luchamos con las dudas. Las dudas de un seguidor de Cristo pueden surgir como una simple curiosidad o convertirse en un conflicto interno profundo. En la actualidad, muchos cristianos están cuestionando o deconstruyendo su fe.

Escribí este libro porque entiendo esa lucha y quiero ayudar.

Este puede ser el libro más personal que he escrito. No solo comparto abiertamente algunas de mis dudas más profundas y mis temores espirituales más grandes, sino que también comparto historias reales, personales y muy íntimas de personas que conozco y quiero. Algunas de esas historias son dolorosas y siguen sin tener respuesta. Para respetar la privacidad y la dignidad de estas personas que aprecio y pastoreo, en algunos casos he cambiado sus nombres. Mi oración es que Dios siga obrando en sus vidas y también en la tuya.

PRIMERA
PARTE

LIDIAR CON LA DUDA

CAPÍTULO 1

¿Es la duda un callejón sin salida?

Yo dudé

«¿Y si Dios no es real?».

Nunca pensé que me haría esa pregunta.

Hasta que me la hice.

Pero no solo me lo pregunté, sino que lo grité, a todo pulmón, resistiendo las lágrimas, mientras conducía de regreso a casa en mi Geo Prizm rojo, sucio y viejo de 1985 (considerado el tercer auto más feo que se haya fabricado).

Quiero dejar en claro que, aunque ciertamente no ayudaba, mi caída en la duda y la desesperación espiritual no se debía al Geo Prizm.

Renuncié a un buen empleo en el mundo de los negocios, donde ganaba mucho dinero, para dedicarme al ministerio, donde mis ingresos serían mucho menores. Pero me sentía emocionado de hacer el sacrificio porque mi fe estaba en llamas y lo único que quería era servir a Jesús y ayudar a otros a conocerlo.

Además de los problemas financieros, estaba pagando mis estudios en el seminario. Era otro esfuerzo significativo, pero sentía que valía la pena porque me ayudaría a crecer en mi fe y a prepararme para el ministerio pastoral.

Pero, de todos los lugares, fue en el seminario donde comenzó mi época de duda y desesperación.

Esto probablemente te sorprenda, como a mí, pero pronto descubrí que mi brillante y respetado profesor de *Biblia* en el seminario no creía que la Biblia fuera inspirada por Dios. Sí, leíste bien, mi profesor del Nuevo Testamento en una institución que capacita a las personas para ser ministros no creía en la Biblia.

No solo no creía, sino que *cada semana* nos aseguraba que la Biblia no era la Palabra inspirada de Dios.

Al principio, descarté sus afirmaciones. Ya había oído de profesores «intelectuales» que se creían demasiado inteligentes para Dios. Traté de ignorar sus constantes desafíos, pensando que no dejaría que estos afectaran mi relación con Dios.

Pero, con el tiempo, a medida que avanzaba el semestre, mi fe inquebrantable empezó a tambalear. Una pequeña grieta apareció en mis cimientos espirituales. Y esa grieta fue ampliándose. Después de todo, este hombre era mucho más inteligente que yo. Trabajaba enseñando la Biblia, así que debía conocerla mejor que todos sus estudiantes, ¿no? Esa duda persistente me hacía preguntarme si, *tal vez, solo tal vez, él tenía razón y yo era el que estaba equivocado.*

A menudo salía de su clase, subía a mi Geo Prizm para conducir noventa minutos hasta mi casa y me ponía a llorar. (No, no lloraba por la vergüenza de conducir mi auto, aunque, debo admitir, eso tampoco ayudaba). Me sentía confundido y angustiado. Conduciendo, gritaba hacia el cielo: «Dios, ¿realmente estás ahí? ¿Es verdad todo este asunto de la fe? ¿Puedo de verdad confiar en la Biblia? ¿Estoy dedicando mi vida a alguien que ni siquiera estoy seguro de que exista?».

Mi fe, que había crecido enormemente desde el día que acudí a Jesús, ahora parecía como si estuviera muriendo.

Sinceramente, tenía miedo.

Si el cristianismo no era verdadero, no podía pretender que lo fuera. No sabía qué haría, en qué me convertiría o hacia dónde iría a terminar. Había apostado todo mi futuro a que mi fe era real. En la universidad pasé de estar espiritualmente perdido a estar salvado. En el seminario, volví a sentirme perdido.

Algunos dudaron

Jesús murió.

Jesús fue sepultado.

Jesús resucitó.

El Nuevo Testamento relata trece apariciones de Jesús después de su resurrección y antes de ascender al cielo. Algunas de las personas a quienes se apareció fueron:

- A mujeres cerca de su sepulcro (Mt 28:8-10).
- A dos hombres en el camino a Emaús (Lc 24:13-35).
- A diez de los discípulos (Jn 20:19-25).
- A quinientos hombres a la vez (1 Co 15:6).
- A un grupo de seguidores durante una comida [Después de resucitar y de toda esa actividad, ¡Jesús debía tener hambre!] (Lc 24:41-43).
- A los discípulos cuando estaban pescando y se encontraron con Pedro en la playa (Jn 21:1-23).
- A los discípulos en el monte (Mt 28:16-20).

En aquella última aparición en la ladera de la montaña, los discípulos fueron al encuentro de Jesús, tal como él les había dicho. Pronto ascendería al cielo. (Debió haber sido alucinante verlo. ¿Lo hizo paso a paso, flotando como Superman? ¿O fue directamente al cielo, al estilo Iron Man? ¿Se escuchó algún sonido? Seré honesto, realmente espero que haya habido un sonido de «¡fiu!»).

Antes de ascender, Jesús les dio a sus discípulos una misión divina. En Mateo 28:18, les dijo que fueran por todo el mundo para compartir la buena nueva de lo que había sucedido, de modo que todos pudieran conocerlo y seguirlo.

Pero justo después de que los discípulos llegaron a la montaña y justo antes de que Jesús diera esa gran comisión, hay un versículo que podemos pasar por alto fácilmente. Es una frase crucial de tres palabras. Mateo 28:17 dice: «Cuando *lo* vieron, lo adoraron; pero algunos dudaron».

¿Te habías fijado en esto alguna vez? Algunos lo adoraron, pero otros dudaron.

Los «ellos» a los que se refiere el pasaje son los discípulos, los mismos que estaban viendo al Jesús resucitado de la muerte. Al leer esta historia hoy, resulta fácil entender por qué lo adoraron.

Pero, ¡espera! ¿Algunos dudaron?

Me surgen algunas preguntas al leer esto, ¿y a ti?

Primero, *¿Por qué escribir esto en el relato?* No deja muy bien parados a los discípulos. ¿Cómo pudieron dudar en ese momento? Habían visto a Jesús varias veces después de su resurrección. Algunos incluso habían comido con él. Y ahora Jesús estaba ahí, frente a todos ellos.

Aun así, ¿algunos dudaron?

¿Por qué incluir este detalle? Bueno, la respuesta es simple: Mateo escribió que «algunos dudaron» porque, sencillamente, algunos dudaron.

Una de las cosas que más me gustan de la Biblia es que no se escribió para hacer quedar bien a nadie ni para convencer a otros. En su lugar, las Escrituras ofrecen un relato exacto de lo que realmente sucedió. Y dado que algunos dudaron, Mateo lo informó. Escribirlo también implica que estos hombres no solo lo pensaron, sino que lo expresaron en voz alta, o al menos lo confesaron después. De otra manera, ¿cómo lo habría sabido Mateo?

Segunda pregunta: *¿Por qué aparece esta frase en la Biblia?* Claro, es algo que ocurrió. Pero no todo lo que sucedió está registrado en las Escrituras. Nunca se menciona a Jesús ni a los discípulos yendo al baño, pero es obvio suponer que lo hicieron (y, para ser honesto, no me importa que esos detalles no estén en la Biblia). No se menciona todo, así que ¿por qué decir que dudaron? Creo que es porque necesitamos oír la verdad.

Necesitamos saber que incluso los discípulos de Jesús tuvieron dudas, porque nosotros también las tenemos.

Y es importante ver cómo respondió Jesús a esas dudas. Fíjate en lo que no hizo:

- No les preguntó, decepcionado: «Después de todo lo que les he mostrado y enseñado, ¿por qué dudan?».
- No dijo: «De acuerdo, ¿quién duda? Porque si dudas, ¡estás fuera! Pero para los que no dudan, les tengo una Gran Comisión».
- No aclaró todas sus dudas antes de enviarlos.

No.

Leemos en el versículo 17 que «algunos dudaron», y en el versículo 18, Jesús les dio a *todos* la misión de ir por el mundo a compartir el evangelio y hacer discípulos.

LAS DUDAS SON PARTE DE LA FE Y PUEDEN INVITARNOS A UN LUGAR MÁS PROFUNDO.

Incluso a los que dudaban.

¿Por qué?

Porque las dudas no te hacen un mal cristiano; te hacen humano.

Las dudas son parte de la fe, y como veremos, en realidad pueden invitarnos a un lugar más profundo.

Jesús sabía que algunos dudaban, pero los envió de todos modos.

Jesús envía a personas que tienen dudas, porque si no lo hiciera, ¡no tendría a nadie a quien enviar!

Todos tenemos dudas. Yo, sin duda, he tenido las mías.

Dudamos

Después de leer mi historia del Geo Prizm (es decir, mi experiencia en el seminario), puede que hayas pensado: *Pero, Craig, eso fue hace mucho tiempo. Tenías poco más de veinte años. Aún no eras pastor. Apuesto a que ya no tienes dudas como esas.*

Ojalá fuera así.

Déjame contarte sobre un domingo por la mañana en 2017. Estaba de pie en la primera fila de nuestro servicio de la iglesia, cantando una canción de adoración, pocos minutos antes de subir a predicar. En ese momento me di cuenta de que no sentía nada. Y cuando digo nada, me refiero a lo siguiente:

- No sentía la presencia de Dios.
- No tenía ganas de predicar.
- No sentía que tuviera fe.

El pánico irrumpió en mí mientras pensaba: *¿Y si todo esto no es real? ¿Y si todo ha sido solo emociones? Algunos dicen que la religión es una muleta, ¿y si tienen razón?*

Sentí como si me hubieran dejado sin aliento.

Me pregunté si las personas que estaban cerca podían escuchar el latido de mi corazón, porque estaba seguro de que era más fuerte que la música.

Empecé a temblar.

Comencé a llorar.

Fue entonces cuando vi el letrero de salida.

Pensé: *¿Tal vez podría irme? Simplemente salir de la iglesia.*

La realidad es que, desde hace bastante tiempo, muchas personas han tenido esos mismos sentimientos, esas mismas preguntas, y han ido directo a la salida, saliendo de la iglesia. Y no han vuelto. En el próximo capítulo te compartiré algunos números y resultados inquietantes de varias investigaciones. Pero, ¿por qué?

¿Por qué la gente se está yendo?

Creo que la mayoría no tiene problemas con Jesús. Es difícil que no te caiga bien.

En cambio, tienen preguntas, pero sienten que no pueden hacerlas, y por eso no han encontrado respuestas. Sin embargo, las respuestas *existen*. Pero muchas personas no se sienten cómodas al preguntar. Quieren hacerlo, pero se sienten avergonzadas, inseguras, y piensan: *¿Y si soy el único? ¿Qué pensarán de mí?* Tienen miedo, y la iglesia no parece ser el lugar más seguro para expresar sus dudas.

Algunos que han encontrado el valor para hacer sus preguntas, con demasiada frecuencia se han topado con respuestas simplistas, una teología dogmática que dice: «La Biblia lo dice. Yo lo creo. Punto final».

Gracias.

Muchísimas gracias.

Muchos se quedan preguntándose si realmente hay alguna respuesta. Y entonces, igual que yo, ven el letrero de salida.

Tal vez las dudas *te* hayan dejado cuestionándote. Tal vez esa sea la razón por la que estás leyendo este libro.

A medida que comenzamos este viaje juntos, permíteme preguntarte: ¿Qué es lo que dudas?

Hasta que no tengas claro lo que estás dudando, te sentirás confundido en lugar de hacer preguntas y obtener respuestas que puedan satisfacerte.

Te preguntas, por ejemplo:

- ¿Existe Dios?
- ¿Es Jesús realmente quien dijo ser?
- ¿Quién es Dios? ¿Es realmente Jesús? ¿O Buda? ¿O Alá?
- ¿La ciencia contradice algunas cosas de la Biblia?
- ¿La fe en Jesús realmente cambia a las personas?
- ¿Dios realmente te ama?
- ¿Podría Dios usar a alguien como tú?
- ¿Por qué Dios no responde tus oraciones? Me han dicho: «Oré y oré para que mi amigo se curara de cáncer. Estaba seguro de que Dios lo haría, pero no lo hizo. *Fue* entonces cuando empecé a cuestionar».
- ¿Por qué Dios permite tanto dolor y sufrimiento en el mundo? Como cuando niñas son traficadas o bebés inocentes mueren en extrema pobreza.
- ¿Por qué hay cosas tan extrañas en la Biblia? Un burro que habla. Una mujer que se convierte en una estatua de sal. Una vara que se convierte en serpiente. Y luego están todas esas imágenes aterradoras en el libro de Apocalipsis.
- ¿Por qué hay tantas controversias entre los cristianos *sobre* la Biblia? Por ejemplo: si las mujeres pueden enseñar; si la Biblia debe enseñarse versículo por versículo o de manera temática; cuál es la traducción correcta de la Biblia para enseñar. Ah, y acerca de la predestinación, el premilenialismo y la «preálgebra». (Bueno, no «preálgebra», pero parece que los cristianos discuten por todo hoy en día. ¿Por qué?).

- ¿Por qué Dios me hizo manejar un Geo Prizm, uno de los autos más feos de la historia, después de que me comprometí a servirle? (Lo siento, una de mis propias preguntas se coló).

Mientras reflexionas sobre lo que dudas, también deberías preguntarte por qué. ¿Qué se esconde detrás de tu duda? Considera el *por qué* detrás del *qué*. Veamos algunas dinámicas comunes que pueden ser la causa:

- **LAS DUDAS PUEDEN ESTAR MOTIVADAS POR LAS CIRCUNS-TANCIAS.** Podemos odiar lo que está sucediendo y sentir que no es posible que un Dios bueno permita algo tan malo, lo que nos lleva a preguntarnos si tal vez Dios no existe o no es tan bueno como nos dijeron.
- **LAS DUDAS PUEDEN ESTAR IMPULSADAS POR EL INTELECTO.** He encontrado que las personas son especialmente vulnerables a las dudas intelectuales si no saben por qué creen lo que creen. Entonces, cuando un amigo plantea una pregunta o un profesor menosprecia aquello en lo que creen, de repente hay una grieta en su fe y los cimientos empiezan a tambalearse.
- **LAS DUDAS PUEDEN ESTAR IMPULSADAS POR LA EMOCIÓN.** A veces nos damos cuenta de que nuestra fe está basada por completo en los sentimientos. Tal vez hay una experiencia eufórica cuando una persona acude a Jesús. Pero después de un tiempo, esa euforia espiritual empieza a desaparecer. Entonces, surge el pánico y las preguntas: *¿Está desapareciendo mi fe? ¿Y si en realidad nunca fui cristiano?*
- **LAS DUDAS PUEDEN ESTAR MOTIVADAS POR OTRAS PERSO-NAS.** Tal vez alguien ha estado cerca de algunos cristianos hipócritas, como un pastor querido y respetado que cayó en desgracia moralmente, o un padre que supuestamente amaba a Jesús hasta que se descubrió que tenía una relación extramatrimonial. Entonces, la persona decide: «Si así son los cristianos, esto debe ser una broma».
- **LAS DUDAS PUEDEN ESTAR MOTIVADAS POR UNA RELACIÓN CON UN PADRE AUSENTE O ABUSIVO.** Si nos fijamos en algunos

de los ateos más conocidos de todos los tiempos, muchos de ellos tenían padres ausentes o abusivos. Entre ellos Karl Marx, Sigmund Freud, Bertrand Russell, Jean-Paul Sartre, Friedrich Nietzsche y Albert Camus. Lo entiendo. Es fácil llegar a esta conclusión: *Si así son los padres terrenales, ¡seguro que no quiero un Padre celestial!*

- **LAS DUDAS PUEDEN ESTAR MOTIVADAS POR LA PERSONA-LIDAD.** Algunas personas son más cínicas o inconformistas por naturaleza, lo que puede dificultar tener fe, o hacer más fácil rebelarse contra una familia o cultura basada en la fe.

- **LAS DUDAS PUEDEN ESTAR MOTIVADAS POR DECISIONES.** Cuando los cristianos toman decisiones deliberadas para pecar y seguir pecando, se sentirán cada vez más alejados de Dios. ¿Por qué? Porque el pecado nos separa de Dios. Entonces, la persona se molesta porque Dios parece distante y puede empezar a preguntarse, *¿Dónde está Dios? ¿Por qué no siento su presencia? ¿Acaso es real?* Sin embargo, el problema no es con Dios. El problema está en aferrarse obstinadamente al pecado.

¿Te identificas con alguna de estas situaciones? ¿Con el *por qué* detrás del *qué*?

Nuestras dudas no pueden disiparse hasta que no se definen.

Si no sabes qué hay detrás de tu duda, puede que nunca experimentes el beneficio de esa duda.

Entonces, ¿de qué trata tu duda?

¿Qué dudas y por qué?

Este puede ser un buen momento para hacer una pausa en tu lectura y dejar este libro. Tómate un momento para enfrentarte a tus dudas y heridas con objetividad y honestidad.

> LA FE MÁS FUERTE NO ES UNA FE QUE NUNCA DUDA. MÁS BIEN, ES UNA FE QUE CRECE A TRAVÉS DE LAS DUDAS.

No tengas miedo de profundizar en tus emociones.

No tengas miedo de hacer tus preguntas.

No te contengas.

Sea cual sea tu duda y el motivo por el que dudas, quiero que sepas que, a pesar de la impresión que te haya causado un padre, un pastor o cualquier otra persona, la Biblia lo deja en claro: dudar es normal. Todo el mundo duda. La duda es parte de la experiencia humana. Y sí, la duda forma parte incluso de la fe. Hablaremos de cómo las dudas no tienen por qué alejarte de Dios. Tus dudas pueden acercarte más a él.

Algunos ven la fe como un destino, como si dijeran: *Algún día llegaré. Me habré graduado. Como esas personas perfectas que no luchan con las dudas como yo. Algún día yo también tendré una fe perfecta.*

No.

La fe es un viaje. *Nunca* llegas. Nunca lo entenderás todo ni dejarás de tener preguntas. Lo que espero que descubras en las próximas páginas es que la fe más fuerte no es una fe que nunca duda. Más bien, la fe más fuerte es una fe que crece a través de las dudas.

Tomás dudaba

Thomás Jefferson escribió la Declaración de Independencia de Estados Unidos.

Thomás Edison inventó la bombilla.

Tom Brady Jr. llevó a sus equipos a siete victorias en el Súper Bowl.

El personaje de Tom Hanks dijo: «La vida es como una caja de chocolates».

Tom Cruise sintió la necesidad, la necesidad de velocidad.

El Tomás en la Biblia, dudó.

¿No es cierto? Por eso es famoso, por dudar.

Ganó su reputación por una de esas apariciones después de la resurrección que mencioné antes, de hecho, en dos de ellas.

El día en que Jesús se apareció a diez de los discípulos, Tomás estaba ausente.

Juan 20:24-25 nos dice: «Tomás, uno de los doce, llamado el Dídimo, no estaba con ellos cuando Jesús vino. Entonces los otros discípulos le decían: «¡Hemos visto al Señor!».

Los amigos de Tomás, aquellos con quienes había seguido a Jesús y convivido durante tres años, le dijeron una y otra vez: «¡Hemos visto al Señor!

¡Hemos visto al Señor! Hemos visto al Señor!». (Es como cuando tus hijos te preguntan desde el asiento de atrás: «¿Ya llegamos? ¿Ya llegamos? ¿Ya llegamos?», o como mi amigo insistente que no deja de decirme: «¡Vamos a CrossFit! ¡Vamos a CrossFit! ¡Vamos a CrossFit!».

¿Cómo respondió Tomás? «Si ustedes lo dicen, yo lo creo. Punto final».

No.

El resto de Juan 20:25 dice: «Pero él les dijo: «Si no veo en Sus manos la señal de los clavos, y meto el dedo en el lugar de los clavos, y pongo la mano en Su costado, no creeré».

Por eso a este hombre se le conoce como Tomás el Incrédulo, y no como Tomás el que siente la necesidad de velocidad.[1]

Sin embargo, estoy convencido de que Tomás tiene una mala reputación.

Claro, los otros tipos no dudaban. ¿Sabes por qué? Porque ellos estaban *allí*. Porque *vieron* a Jesús.

Personalmente, me identifico con Tomás. Y lo respeto. Tomás era realista. Quería estar seguro. Pidió pruebas. No iba a conformarse con lo que otros le decían. No iba a apostar su vida eterna a una fe ciega. A menudo se cita a Oswald Chambers cuando dice: «La duda no siempre es señal de que un hombre está equivocado. Puede ser una señal de que está pensando».

La gran lección de la historia de Tomás es que, si alguna vez te has sentido culpable por dudar, no lo hagas. La fe sincera crece a través de las dudas.

De hecho, basándonos en las Escrituras que acabamos de leer, si tuviéramos que clasificar a los discípulos en términos de fe y fortaleza espiritual, Tomás podría estar en lo más alto.

¿Por qué?

Para empezar, Tomás, el «dubitativo» estaba dispuesto a morir con Jesús. Lo vemos en Juan 11, después de la muerte de Lázaro, el amigo de Jesús. Lázaro había estado muerto durante cuatro días. (La versión Reina-Valera dice que después de tanto tiempo «hedía»). En Juan 11:14-15 dice: «Entonces Jesús les dijo claramente: Lázaro ha muerto; y me alegro por vosotros, de no haber estado allí, para que creáis; mas vamos a él» (RVR1960).

Esto no parece gran cosa, salvo que los líderes religiosos del lugar donde vivía Lázaro estaban buscando a Jesús para matarlo. Así que, cuando Jesús dijo: «mas vamos a él», probablemente todos los discípulos tragaron saliva. Todos, menos Tomás. Juan 11:16 dice: «Dijo entonces Tomás, llamado Dídimo, a sus condiscípulos: Vamos también nosotros, para que muramos con él» (RVR1960).

Eso no es falta de fe.

¡Eso es una fe audaz, que lo arriesga todo!

Tomás habló y mostró un tremendo compromiso con Jesús, algo que no vemos en ninguno de los otros discípulos en ese momento. Otra razón por la que la fe de Tomás me impresiona es porque, a pesar de sus dudas, siguió presente. Recuerden que en Juan 20:25 los discípulos le dijeron insistentemente: «¡Hemos visto al Señor!», y Tomás respondió que no les creía. El versículo siguiente dice: «Ocho días después, estaban otra vez sus discípulos dentro, y con ellos Tomás» (v. 26, RVR1960). Aun en medio de sus dudas, aunque no estaba seguro, Tomás se presentó. Eso es fe. Eso es compromiso.

Si estás luchando con dudas, el hecho que hayas decidido leer este libro demuestra tu fe. Te felicito por tu compromiso, incluso cuando tienes dudas. Te reconozco por mantener tu compromiso, especialmente si tienes preguntas.

¿Y cómo respondió Jesús a las dudas de Tomás?

Lo buscó.

Se acercó a él.

Jesús entró a la habitación y dijo: «Paz a ustedes». Luego dijo a Tomás: «Acerca aquí tu dedo, y mira Mis manos; extiende aquí tu mano y métela en Mi costado; y no seas incrédulo, sino creyente». «¡Señor mío y Dios mío!», le dijo Tomás (Jn 20:26-28).

> **DIOS NO ESTÁ LEJOS CUANDO TIENES DUDAS.**

Tomás había dicho que necesitaba ver las marcas de los clavos y meter su dedo en las heridas de la crucifixión para poder creer. ¡Y Jesús se acercó a Tomás y le dio exactamente eso! Es sorprendente que le ofreciera a Tomás la prueba exacta que él había pedido.

Jesús se acercó a Tomás y le dijo que tocara sus heridas. ¿Y qué nos dice eso?

Que Dios no está lejos cuando tienes dudas.

Cuando te has preguntado sobre él y has luchado con preguntas complicadas, puede que sientas que Dios está distante, tal vez como si lo hubieras alejado o como si él se hubiera apartado de ti.

No.

Él entra a la habitación contigo.

Está dispuesto a ser tocado.

Así que acércate a él.

Verás que él te tiende la mano.

Si tienes preguntas, si hay algo que te cuesta creer, díselo.

Tomás hizo preguntas y Jesús le dio respuestas.

La historia de Tomás nos muestra que Jesús nos invita a ser sinceros con él.

Tomás declaró a Jesús: «Señor mío y Dios mío» (v. 28) y le sirvió fielmente. La tradición cristiana nos dice que Tomás obedeció el mandato de Jesús de ir y hacer discípulos, viajando de un lugar a otro y predicando el Evangelio. Finalmente, en la India, le dijeron que lo matarían si no renunciaba a su fe en Jesús. Pero eso es algo que Tomás no haría. Como les dijo a sus amigos: «Vamos nosotros también para morir con Él» (Jn 11:16). A esas alturas, su fe era demasiado fuerte para retroceder ante la verdad que había experimentado. Así que sus perseguidores le clavaron una estaca en el estómago y lo asesinaron.

Tomás vivió y murió por Jesús. Porque, en medio de su duda, Jesús apareció.

Y eso es lo que creo que hará por ti. No importa qué preguntas te hagas ni lo fuerte que griten tus dudas, puedes encontrar el valor para llevárselas a Jesús, por primera o por centésima vez.

Al recorrer las páginas de este libro, es posible que no encontremos respuestas perfectas a todas las preguntas. Y puede que no seamos capaces de resolver con destreza todas las dudas. Pero, de todo corazón, impulsado por mi propia experiencia al lidiar con preguntas sobre la fe, creo que Jesús aparecerá.

Permíteme repetirlo: tu duda no significa que Dios esté distante.

Esto es lo que aprenderemos mientras caminamos juntos:

- **TU DUDA NO DECEPCIONA A DIOS.** Cuando experimentas confusión en tu fe, tu enemigo espiritual, el diablo, tratará de usar la duda para alejarte de Dios. Te dirá cosas como que Dios no quiere tener nada que ver contigo. Eso es mentira. Dios sabe que eres humano y que la duda forma parte del camino de la fe.

- **TU DUDA NO DEFINE A DIOS.** El diablo insinuará que tus preguntas sin respuesta revelan la verdad sobre Dios. A tu pregunta: «¿Por qué Dios no responde mi oración?», el diablo te dirá: «Porque no es un Dios que quiera ayudarte». A tu pregunta: «¿Por qué hay tanta maldad en el mundo?», el diablo te responderá: «Porque Dios no es bueno». Una vez más, mentiras. Recuerda que tu duda no define a Dios.

- **TU DUDA NO TE DEFINE A TI.** El diablo susurrará que tu duda significa que realmente no tienes fe. Que no eres un verdadero creyente. Eso no es cierto. Veremos que los héroes de la fe a lo largo de la Biblia experimentaron dudas en su camino.

- **TUS DUDAS NO NIEGAN TU FE.** Lo que experimenté durante mi regreso a casa desde el seminario, así como en esa difícil mañana de domingo, preguntándome si Dios era real durante un servicio de adoración, no fue una negación de mi fe. Creo que, en última instancia, esas experiencias se trataban de que él me invitaba a una fe más profunda. Él está haciendo lo mismo en tu vida.

- **TU DUDA NO TE DESCALIFICA.** Recuerda, «algunos dudaron» (Mt 28:17), pero Jesús los envió de todos modos. La duda de los discípulos no los descalificó. De hecho, ¡Jesús les dio a esos dudosos la misión más grande del mundo!

Tememos que la duda haga muchas cosas, pero no, la duda *no* las hace.

Cuando dudas

Ahora déjame contarte el resto de mi historia del domingo por la mañana, cuando estaba adorando... bueno, no estaba adorando, estaba entrando en pánico. Sentía como si la luz de Dios se hubiera apagado y hubiera caído en una sombra oscura. Mientras las preguntas llenas de pánico inundaban mi mente, el asedio de la duda era demasiado. Allí sentado, temblando, con la cabeza entre las manos y empezando a llorar, justo antes de subir al escenario para predicar, elevé una oración desesperada: «Dios, si estás ahí, muéstrame algo».

En ese momento, tuve lo más parecido a una visión que jamás haya experimentado.

Me vi a mí mismo en la universidad, leyendo los Evangelios sobre Jesús. Nunca había entendido realmente que él amaba a la gente rota como yo. Recordé caer de rodillas y clamar a Dios. Pensé en cuando primero llegué a la fe, aprendiendo que es solo por gracia mediante la fe que somos hechos justos ante Dios.

¿Cuál era la palabra que seguía apareciendo, abrumándome en esos recuerdos? La fe.

Sí, tengo dudas, pero sigo teniendo fe.

Y lo que necesito es fe.

Me di cuenta de que la fe no es la ausencia de duda.

> **LA DUDA ES UNA INVITACIÓN A UNA FE MÁS PROFUNDA.**

La duda es una invitación a una fe más profunda.

Y la fe es el medio para superar la duda.

Esta misma conexión es cierta en muchos aspectos del cristianismo. Experimentar la paz de Cristo no significa que vayamos a escapar del caos de nuestro mundo. Recibir su amor no implica que no tengamos que luchar para llevarnos bien con las personas que nos rodean. Participar de su alegría no significa que nunca tengamos un mal día. Lo que sí significa es que Jesús está con nosotros en medio de las luchas cotidianas de nuestras vidas. Así como la paz, el amor y la alegría, la fe está presente cuando llegan las dudas. No es cuestión de si vendrán, sino de cuándo.

Al recordar aquellos primeros días de conocer a Jesús, me vino a la mente el Salmo 23: «Aunque pase por el valle de sombra de muerte, no temeré mal alguno, porque Tú estás conmigo» (v. 4). Así me sentía yo, como si estuviera en el valle de sombra de muerte. Me pregunté: *¿Qué haces cuando estás en un valle? ¿Cómo lo atraviesas?* Sigues caminando. Aquel domingo por la mañana, me di cuenta de que no estaba en el valle de sombra de *muerte*, sino en el de la *duda*. Y no me quedaría allí. Seguiría caminando, con fe. La duda no sería un callejón sin salida. No sería mi destino. Tenía fe y, con la guía y el valor de Dios, saldría con una fe más profunda.

Si estás en el valle de la duda, sigue caminando. Él está contigo. Como nos animó Jesús en Mateo 7:7-8, sigamos pidiendo, sigamos buscando y sigamos llamando a las puertas.

Continúa leyendo, porque examinaremos y reflexionaremos sobre algunas preguntas con las que muchos de nosotros luchamos:

- ¿Qué debo hacer cuando dudo de la bondad de Dios?
- ¿Por qué Dios no responde mis oraciones?
- ¿Por qué Dios proporcionaría solo un camino hacia él y el cielo?
- Muchos cristianos son hipócritas y algunos me han decepcionado, entonces, ¿por qué querría ser yo cristiano?
- ¿Por qué a veces sentimos que Dios está tan lejos?
- ¿Qué pasa con el hecho de que no creo que Dios pueda obrar a través de alguien como yo?
- ¿No refuta la ciencia la Biblia?
- ¿Cómo puedo amar a Dios cuando no creo que él me ame?

Creo que juntos vamos a descubrir que existen respuestas auténticas para estas preguntas difíciles.

Estoy seguro de que, después de leer este libro, tendrás una fe más profunda. Quizás no sea fácil, pero valdrá la pena. ¿Cómo lo sé?

En ese servicio de adoración del domingo por la mañana, le pregunté: «Dios, si estás ahí, muéstrame algo», y él apareció de la manera más poderosa.

Estoy convencido de que si abordas las verdades de este libro con un espíritu abierto, si le preguntas sinceramente a Dios, él se hará presente. Tal como lo hizo conmigo. Tal como lo hizo con Tomás.

Búscalo y lo encontrarás.

O, mejor aún, él te encontrará.

La duda no es un callejón sin salida.

> **Tengan misericordia de algunos que dudan.**
> —Judas 22

EJERCICIO DEL CAPÍTULO 1

1. Tómate un tiempo para escribir tus dudas y preguntas sobre tu fe. (No te contengas. Sé honesto. Puedes utilizar la lista con viñetas de preguntas comunes de este capítulo como guía).

2. ¿Por qué crees que la evidencia o la experiencia (sabiendo que los discípulos tenían muchas de ambas) no siempre responde todas las preguntas en materia de fe?

3. ¿Qué piensas del hecho de que se haya incluido la frase «algunos dudaron» en la historia de los discípulos reunidos en la montaña antes de que Jesús diera la Gran Comisión?

4. ¿Por qué crees que tantas personas sienten que sus dudas las convierten en «malos cristianos»?

5. ¿Cómo te hizo sentir mi crisis del domingo por la mañana acerca de mis propias dudas sobre tus luchas con la fe? ¿De qué manera te identificas con esto?

6. Considera los factores que mencioné que pueden generar dudas: circunstancias, intelecto, emociones, otras personas, padres, personalidades o decisiones. ¿Te identificas con algunos de estos? Explica.

7. ¿Te resultó alentadora la respuesta de Jesús a Tomás? Explica.

8. ¿Por qué crees que tendemos a equiparar la duda con el distanciamiento de Dios?

9. De la lista de «Tu duda no...», ¿Te identificas con algún punto en particular? Explica.

10. ¿Cuál es tu mayor aprendizaje del capítulo 1?

CAPÍTULO 2

¿Hay vida después de la deconstrucción?

Me encantan las historias de conversión. Las historias de personas que pasan de no creer a creer, o de la duda a la fe. Siempre celebro cuando escucho una.

Sin embargo, hoy en día, escucho con más frecuencia historias de personas que toman el camino contrario: de la fe a la incredulidad, de la creencia a la duda.

No tienes que pasar mucho tiempo por las redes sociales, YouTube o leyendo noticias para escuchar sobre jóvenes que abandonan la iglesia y «deconstruyen su fe». Esta tendencia ha crecido tanto que la llaman «el movimiento de deconstrucción». En 2022, Lifeway Research publicó un artículo que agrupa a estos deconstruccionistas en tres categorías:

1. Se están alejando de su fe.
2. Todavía están comprometidos con Dios, pero están luchando con las fallas o los comportamientos pecaminosos de las instituciones religiosas.
3. Están agotados espiritualmente por participar demasiado en las actividades de la iglesia.[2]

En este artículo, que incluye estadísticas de Barna Research, aparece una palabra que se repite constantemente: la duda.

Pero ¿por qué esto se está volviendo cada vez más común? Algunos sugieren que es casi una moda, pero creo que es una gran simplificación que ignora el dolor más profundo de quienes están cuestionando su fe. Es probable que conozcas a algunas personas (o tal vez tú mismo seas una de ellas) que dirían cosas como estas:

- «Nadie podía darme respuestas adecuadas a las preguntas teológicas que hacía» (Emily, 19 años).
- «Después de que mi pastor «cayó moralmente», no pude seguir confiando en el Dios que él proclamaba» (Steve, 32 años).
- «Crecí creyendo en Jesús. Pero después de ver las acciones llenas de odio de los llamados cristianos en las noticias y en las redes sociales, no quiero tener nada que ver con eso» (Ashley, 23 años).
- «Mis padres afirmaban ser cristianos devotos. Pero su «cristianismo» es más bien un cóctel tóxico de su versión de la Biblia mezclada con política en formas que Jesús nunca planeó» (Cayden, 23 años).
- «Después de que Dios permitió que me abusaran, no puedo reconciliar el dolor que sufrí con la idea de un Dios amoroso y que se preocupa» (Jenna, 28 años).

Cada vez que escucho una de estas historias, se me parte el corazón.

Lo que más duele es que no se trata de personas desconocidas. Para mí es algo personal. Tengo seis hijos que crecieron con amigos extraordinarios a quienes quiero como si fueran mis propios hijos. La mayoría de ellos pasaban mucho tiempo en nuestra casa mientras crecían.

Algunos incluso me llaman papá. Unos pocos aman a Jesús y le sirven fielmente hoy, pero otros han pasado por heridas, dudas, y no encontraron respuestas. Así que, en vez de seguir buscando una relación más profunda con Dios, decidieron alejarse de su fe.

Saber eso, me parte el corazón por ellos.

Quiero decirte lo que les digo a ellos cuando tengo la oportunidad: adelante, deconstruyan su fe. Pero háganlo con la intención de *reconstruir* una fe que sea personal, creíble y hermosa. La buena noticia es que hay una manera sana y constructiva para confrontar las dudas sinceras y salir fortalecido en la fe.

Normalmente, este proceso de maduración espiritual tiene tres etapas. Cuando se hacen bien, todas ellas pueden ser beneficiosas. Un ejemplo donde podemos ver las tres etapas es en la vida del discípulo Pedro.

Primera etapa: Construcción

Antes de que Pedro siguiera a Jesús, él era un pescador llamado Simón. Su hermano Andrés fue el primero en encontrarse con Jesús, y luego llevó a Pedro a conocerlo (Jn 1:35-42). Inmediatamente, Jesús cambió su nombre de Simón a Pedro, lo que parece algo atrevido, ¿verdad? (Digo, a mí me gusta poner apodos, pero no en el momento de conocer a alguien).

Más adelante, Pedro probablemente estaba en el templo de Cafarnaúm cuando Jesús dio uno de sus primeros sermones (Lc 4:31). Después fue testigo de cómo Jesús sanaba milagrosamente a los enfermos, incluyendo a la suegra de Pedro en su propia casa (Lc 4:33-44). Poco después, Jesús le dio a Pedro una pesca milagrosa y lo llamó a ser uno de sus discípulos (Lc 5:1-11).

Durante todo ese tiempo, la fe de Pedro se estaba construyendo.

Lo mismo sucede con tu fe.

Ya te he hablado de esos primeros días en la universidad cuando mi fe estaba en esa etapa.

Es como si estuvieras construyendo una casa, pero en este caso, una casa de fe. Tomas materiales de todo lo que aprendes —lecturas de la Biblia, sermones que escuchas en la iglesia, conversaciones con amigos, tus experiencias espirituales— y construyes tu comprensión de Dios y de la vida cristiana.

Esta forma de ver el mundo se conoce como cosmovisión. Para los cristianos significa ver el mundo a través de los ojos de Dios, por fe y no por vista. Quizá, al mirar tu casa de fe, sientes que está muy bien construida, que es sólida y fuerte. Tal vez ni siquiera puedes imaginar cómo podría ser mejor.

Pero, en realidad, hay grietas en tu construcción que aún no puedes ver. ¿Por qué? Porque lo que te enseñaron no era perfecto. Algunas conversaciones con amigos pueden haberte hecho creer cosas que no son verdad. O puede que hayas desarrollado una comprensión simplista que no te prepara para las presiones de la vida real. Tal vez has tenido respuestas emocionales a experiencias que te parecieron correctas en su momento, pero que no te ayudaron a madurar en una fe más «adulta». Es como si hubieras construido tu casa de la fe sobre cimientos que tienen algunas grietas, causadas por creencias defectuosas.

Eso es de esperarse porque, como personas imperfectas, todos tenemos algunas grietas en nuestros cimientos.

Y cuando esas grietas quedan al descubierto, es cuando surgen dudas y, a veces, una crisis de fe. Pero ¿de dónde vienen estas grietas?

- **DE NOSOTROS MISMOS.** Puede que seamos nosotros quienes traemos creencias erróneas a la construcción de nuestra fe. Pedro estaba siendo enseñado por Jesús y experimentando la vida con Jesús mismo, así que no podría tener grietas en su construcción, ¿verdad? Incorrecto. Pedro sí las tenía, debido a las creencias previas a las que se aferraba. Pedro creía que Dios era solo para el pueblo judío. Al igual que muchos en ese tiempo, él creía que el Mesías sería un gobernante político que lideraría una revolución para devolverles a los israelitas su tierra, así como el control sobre el gobierno. Esas creencias eran incorrectas, y cuando chocaron con la realidad de quién era Jesús y lo que vino a hacer, eso llevó a Pedro a una crisis de fe. Su fe se tambaleó.
- **DE OTRAS PERSONAS.** Otros también pueden traer creencias erróneas a la construcción de nuestra fe.

Philip Yancey, un autor cristiano cuyos libros han ayudado a fortalecer la fe de muchos, también pasó por momentos de duda. Dos de sus libros —*El Jesús que nunca conocí*, y *Gracia divina vs. condena humana*— han ganado el Premio ECPA al Libro Cristiano. Así es como conocemos a Yancey hoy, pero hubo un tiempo en su vida en el que se alejó de la fe que siempre había abrazado. ¿Por qué?

Yancey creció con una madre cristiana muy estricta y en una iglesia extremadamente legalista. Yancey escribe sobre su crianza: «Mis primeros recuerdos tienen que ver con el miedo».[3] Su padre murió después de negarse a recibir tratamiento para la polio, convencido de que Dios lo sanaría y, por tanto, no necesitaba medicamentos ni médicos. A Yancey le enseñaron que un cristiano no podía mirar televisión, jugar cartas, escuchar música secular, ir a jugar bolos, patinar, al cine ni a la ópera, estar en la misma piscina que miembros del sexo opuesto o leer el periódico del domingo. Su madre le dijo que para estar en la voluntad de Dios, debía ir a un instituto bíblico y hacerse misionero. Allí le enseñaron que cualquier traducción distinta a la Biblia del Rey Jacobo (o King James) era «basura impía y depravada»[4] y le obligaron a participar en la quema de discos seculares.[5] El instituto bíblico al que asistió prohibía a las mujeres llevar pantalones, excepto durante ciertas actividades en las que podían llevarlos debajo de una falda.

Yancey finalmente llegó a un punto en el que no podía seguir creyendo todo lo que siempre había creído. Con razón empezó a cuestionar la fe ingenua de su infancia. ¿Era verdad todo lo que le habían enseñado? ¿Qué era cierto y qué no lo era?

¿Qué haces cuando te das cuenta de que la fe que construiste con las creencias de otra persona no es tan correcta, sólida o firme como suponías?

La deconstruyes.

Etapa 2: Deconstrucción

¿Qué harías si descubrieras que tu casa tiene algunos problemas? Quizás alguna madera está podrida o hay una grieta en los cimientos. La casa de la que estabas orgulloso, que te hacía sentir seguro, que era una extensión de lo que eres, ya no es lo que pensabas que era.

¿Qué haces entonces?

Cuando esa casa es tu fe, la deconstruyes.

Al principio de este capítulo, te di algunos datos de investigación sobre la deconstrucción. Como pastor, he tenido cada vez más experiencias con esto en los últimos años, al hablar con muchas personas sobre sus preguntas relacionadas con su fe.

Aquí tienes algunas definiciones:

- Deconstruir significa abandonar todo lo cristiano y convertirse en agnóstico o ateo.
- Deconstruir significa seguir comprometido con Jesús, pero abandonar las instituciones religiosas y las iglesias, o al menos aquellas que, según su perspectiva, no están alineadas con las enseñanzas de Jesús.
- Deconstruir significa continuar viviendo una devoción a Jesús y participando en la iglesia, mientras se rechazan muchas cuestiones relacionadas a lo cultural y político.

Una definición más sencilla, que parece coherente con la forma en que Jesús ministraba, sería: la deconstrucción es un viaje espiritual durante el cual un cristiano examina su fe, se libera de lo que es contrario al corazón de Dios y abraza lo que es verdadero.

Para ser claros, la deconstrucción mal hecha puede causar un gran daño espiritual. Como mencioné antes, lo he visto personalmente. Por otro lado, también he visto que la deconstrucción bien hecha puede ser espiritualmente beneficiosa. No solo creo que la deconstrucción puede ser positiva, sino que también reconozco que a veces es necesaria. Pregúntale a Pedro o a Philip Yancey.

Incluso se podría argumentar que, a veces, Jesús ayudaba a las personas a deconstruir su fe.

Por ejemplo, en Mateo 5:43, Jesús dice: «Ustedes han oído que se dijo: "AMARÁS A TU PRÓJIMO y odiarás a tu enemigo"». Todos los que escuchaban pensaron: «*Sí, lo he oído. No solo lo he oído, sino que estoy de acuerdo. Y vivo según ese principio. Si alguien es amable contigo, sé amable; pero si no lo es, ¡córtale las ruedas del carro cuando no mire!*». Jesús continúa en Mateo 5:44, «Pero Yo les digo: amen a sus enemigos y oren por los que los persiguen».

Jesús estaba deconstruyendo su sistema de creencias. Les estaba ayudando a ver que lo que creían no era fiel al corazón de Dios ni a los valores de su reino. Cinco veces en Mateo 5, Jesús dice: «Ustedes han oído que se dijo, pero Yo les digo...». Esencialmente estaba diciendo: *Derribemos esas creencias incorrectas para que podamos construir nuevas creencias que* sean *verdaderas.*

Jesús lo hizo con Pedro una y otra vez.

Veamos algunas de esas historias a través de la lente de la fe y la duda.

En Mateo 14, Pedro y los otros discípulos estaban en una barca durante la noche cuando Jesús salió caminando hacia ellos sobre el agua (lo cual es *genial*). Los discípulos se asustaron (lo cual es comprensible).

En Mateo 14 dice: «Y los discípulos, al ver a Jesús andar sobre el mar, se turbaron, y decían: "¡Es un fantasma!". Y de miedo, se pusieron a gritar. Pero enseguida Jesús les dijo: "Tengan ánimo, soy Yo; no teman"».

Me encanta que Jesús no dijera «Soy Yo, Jesús». Simplemente dijo: «Soy Yo». Pedro sabía que cuando alguien se te acerca *caminando sobre el agua*, tan pronto como compruebas que no es un fantasma, sabes que tiene que ser Jesús.

El mismo Pedro, que luchaba con el control de los impulsos y muy posiblemente tenía déficit de atención, y probablemente era un Eneatipo 8 (si te interesa ese tipo de cosas), al descubrir que el «fantasma» era en realidad Jesús, no dio un suspiro de alivio, ni esbozó una sonrisa avergonzada, ni canceló su participación en *Cazafantasmas*. En lugar de eso, dijo: «Señor, si eres Tú, mándame que vaya a Ti sobre las aguas» (Mt 14:28).

Jesús respondió con una sola palabra: «Ven».

«Y descendiendo Pedro de la barca, caminó sobre las aguas, y fue hacia Jesús» (v. 29).

Me pregunto si Pedro se apresuró a salir de la barca con absoluta confianza o si lo hizo con cautela, probando el agua para ver si esa idea tan loca realmente funcionaría. No importa cómo lo hizo, lo importante es que lo hizo. Salió de la barca y se convirtió en el segundo hombre en caminar sobre el agua. (Creo que sigue siendo uno de los dos únicos).

La fe fue lo que llevó a Pedro de solo observar a caminar sobre el agua. Pero la duda fue lo que hizo que pasara de caminar a hundirse: «Al ver el viento, tuvo miedo y, empezando a hundirse, gritó: "¡Señor, sálvame!".

Al instante, Jesús le tendió la mano y lo agarró. "Hombre de poca fe, le dijo, ¿por qué dudaste?"» (vv. 30-31).

Me encanta la pregunta de Jesús. Él invitó a Pedro a examinar sus creencias y a ser sincero con sus dudas. Lo animó a reflexionar por qué pensaba que las circunstancias a las que se enfrentaba eran más grandes que el Dios en el que confiaba. A preguntarse: *¿Y si Jesús es realmente quien dice ser, y no quien yo supongo que es?*

En Mateo 16, Jesús anuncia que va a Jerusalén, donde lo matarán. Pero Pedro «Tomando aparte a Jesús… lo reprendió» (v. 22). (Si alguna vez te encuentras reprendiendo a Jesús, probablemente tu teología esté equivocada). Pedro le dijo: «¡Eso nunca te acontecerá!» (v. 22). ¿Por qué Pedro refutó tan contundente a las palabras de Jesús? Porque Pedro todavía abrazaba la creencia popular de que el Mesías sería un rey conquistador y político.

¿Cómo respondió Jesús en ese momento? ¿Puso los ojos en blanco y se marchó, riéndose entre dientes y murmurando: «Pedro está loco»? No. «Jesús se dio vuelta y le dijo a Pedro: "¡Quítate de delante de Mí, Satanás! Me eres piedra de tropiezo; porque no estás pensando en las cosas de Dios, sino en las de los hombres"» (v. 23).

Después Jesús dijo: «Si alguien quiere venir en pos de Mí, niéguese a sí mismo, tome su cruz y que me siga» (v. 24). Jesús fue directo. Estaba amando y discipulando a Pedro, ayudándolo a desprenderse de sus creencias humanas erróneas y a adoptar una forma de pensar piadosa y correcta. Jesús lo estaba ayudando a deconstruir su sistema de creencias erróneas para reemplazarlo por uno bíblico y verdadero.

El pastor y autor Randy Frazee habla sobre la importancia de permitir que las personas expresen abiertamente sus dudas en la comunidad cristiana: «Debemos invitar a que la gente confiese su incredulidad. En mi experiencia, el proceso de pasar una creencia de la cabeza al corazón siempre va acompañado y alimentado por una temporada de duda en la que una persona está tomando la decisión de abrazar o rechazar la fe de otros, como la de sus padres. Necesitamos crear un ambiente en casa y en la iglesia donde las personas se sientan cómodas expresando sus dudas. Cuando lo hacen, nuestra respuesta debería ser: «¡Genial! Esperábamos este momento». Ya que la boca está a medio camino entre la cabeza y el corazón, «confesar la incredulidad o duda significa que la persona está a medio camino de poseer una fe personal de verdad».[6] Si se permite que las dudas salgan de la mente y se expresen verbalmente, a través de la válvula de escape de la boca, es más probable que no se filtren en el corazón y envenenen la fe del creyente.

ALGO PODEROSO SUCEDE CUANDO SOMOS HONESTOS ACERCA DE NUESTRAS DUDAS, PREGUNTAS ESPIRITUALES Y DESILUSIONES.

Algo poderoso sucede cuando somos honestos acerca de nuestras dudas, preguntas espirituales y desilusiones. Dios hace algo especial cuando tomamos lo que está oculto en lo más oscuro de nuestros corazones y lo exponemos a su luz.

Es sabio encontrar el valor para expresar y examinar nuestras creencias, verificando si se alinean con la Palabra de Dios. Podemos asumir que todas nuestras creencias provienen de la Biblia, pero probablemente esto no sea tan cierto como pensamos. Con frecuencia, absorbemos subconscientemente creencias de otras personas, de nuestra iglesia o cultura, y luego asumimos que provienen de la Biblia.

Incluso cuando leemos directamente las Escrituras, no podemos evitar hacerlo a través de nuestros propios filtros, como:

- Nuestro trasfondo familiar y cómo fuimos criados.
- Nuestras circunstancias, desafíos, oportunidades o pruebas.
- Nuestra personalidad y prejuicios.
- Las enseñanzas de la iglesia en la que crecimos o a la que asistimos ahora.

Aunque muchas de nuestras creencias sobre Dios probablemente son correctas y bíblicas, como somos personas imperfectas que aprenden de otras personas imperfectas, también hemos adoptado algunas ideas erróneas a lo largo del camino.

Por ejemplo, puedes creer erróneamente algunas de estas cosas:

PRIMERA PARTE: LIDIAR CON LA DUDA

- **DIOS NUNCA TE DARÁ MÁS DE LO QUE PUEDAS SOPORTAR.** Si enfrentas algo en la vida que no puedes soportar, puedes sentir que Dios no ha sido fiel a su promesa. ¡Pero Dios nunca prometió eso! Esto se confunde con lo que Pablo nos dice en 1 Corintios 10:13: «[Dios] no permitirá que ustedes sean tentados más allá de lo que pueden *soportar*». Él habla de la tentación, no de las circunstancias de la vida.

- **SI LO DECLARAS, LO RECIBIRÁS.** *¡Dios siempre te dará todo lo que pidas!* Esta idea *se* basa en versículos bíblicos, aunque es una interpretación incompleta e inexacta. Por ejemplo, Juan 15:7 es citado en esta enseñanza: «Si permanecen en Mí, y Mis palabras permanecen en ustedes, pidan lo que quieran y les será hecho». Sin embargo, además de las frases condicionales «Si permanecen en Mí y mis palabras permanecen en ustedes», el contexto de Juan 15 es la enseñanza de Jesús de que nosotros somos los sarmientos y Dios es la vid. El versículo 5 es crucial: «... separados de Mí nada pueden hacer». Centrarse solo en «pidan lo que quieran y les será hecho» es como escuchar solo un fragmento de una entrevista.

- **COMO CRISTIANO, DEBES PERTENECER A CIERTO PARTIDO POLÍTICO, PORQUE ES EL PARTIDO DE DIOS, Y LOS DEL OTRO PARTIDO NO SON VERDADEROS CRISTIANOS.** El problema es que Jesús no vino a establecer un reino político. *Todos* los partidos tienen algunas políticas e ideas que pueden ser fieles o contrarias al corazón de Dios. En los días del ministerio de Jesús, había esencialmente dos partidos políticos: los fariseos y los saduceos. En los Evangelios, Jesús no mostró parcialidad hacia ninguno de ellos. Sin embargo, a un fariseo curioso, Jesús le dijo en Juan 3:16-17: «Porque de tal manera amó Dios al mundo, que dio a Su Hijo unigénito, para que todo aquel que cree en Él, no se pierda, sino que tenga vida eterna. Porque Dios no envió a Su Hijo al mundo para juzgar al mundo, sino para que el mundo sea salvo por Él». Las palabras «todo aquel que en Él cree» y «el mundo» son claramente una invitación abierta a cualquier persona, sin importar *a qué* partido pertenezca.

- **DIOS TE QUIERE FELIZ. ÉL TE AMA, Y SU MAYOR ALEGRÍA ES TU FELICIDAD.** ¡Esto suena bien! ¡Y es verdad! Pero solo en parte. Dios *te* ama, y por eso su mayor propósito no es tu felicidad, sino tu santidad. Y si tu búsqueda de la felicidad interfiere con tu búsqueda de la santidad, entonces no es la voluntad de Dios. Citando a nuestro caminante en el agua después de que su fe había sido restaurada, «sino que así como Aquel que los llamó es Santo, así también sean ustedes santos en toda *su* manera de vivir. Porque escrito está: «SEAN SANTOS, PORQUE YO SOY SANTO» (1 P 1:15-16).

O, como Philip Yancey, tal vez creciste en una iglesia que distorsionaba la Biblia para justificar el racismo o afirmaba que jugar a los bolos, ver películas y que las mujeres usen pantalones era pecaminoso.

Un día te despiertas y te das cuenta de que todo lo que crees puede no estar basado en la Biblia. Por lo tanto, puede que no sea verdad.

O peor aún, *no* te das cuenta de que no es bíblico, pero *sí* te das cuenta de que no es verdad. Y ahora, ¿qué haces? ¿Tienes que abandonar tu fe? ¿Te alejas de Jesús?

No.

No lo haces.

Deconstruyes. Dejas ir lo que no es verdad.

Reconstruyes. Te aferras a lo que es verdad.

Demasiadas veces, en lugar de desechar lo malo y conservar lo bueno, la gente lo tira todo, incluso las partes que son verdaderas. Al final, se quedan con nada. O, tristemente, se vuelven tóxicas y amargadas. Ahora tienen que ingeniárselas para navegar por la vida sin ninguna base o marco real. Al principio puede sentirse liberador. ¡Ya no estás confinado a tu antigua casa! Mi yerno, James Meehan, quien es uno de los principales comunicadores para los jóvenes en nuestra iglesia, y me ayudó a reflexionar mientras escribía este capítulo: James lo expresa así: «El lugar vacío donde solía estar tu «casa» también te hará sentir vacío por dentro». ¿Por qué? Porque en lugar de reconstruir tu sistema de creencias buscando lo que es verdadero y hermoso, usaste una bola de demolición y perdiste todo.

Pero hay buenas noticias.

Muy buenas noticias.

Jesús era carpintero.

Y los carpinteros saben cómo construir.

Etapa 3: Reconstrucción

Pedro y los otros discípulos probablemente estaban escondidos en una habitación, temerosos de que en cualquier momento los soldados irrumpieran y les hicieran lo mismo que le habían hecho a Jesús unos días antes.

El hombre en quien habían creído como el Mesías, el que pensaban que iba a liderar una revolución y liberaría a los israelitas de Roma, había sido crucificado. No tenía sentido. La realidad que estaban viviendo no podía coexistir con lo que creían sobre Dios ni con lo que esperaban que él hiciera.

Jesús había muerto, y con él también su fe.

Y no tenían *idea* de lo que estaba a punto de suceder. Porque, minutos después, tres mujeres —María Magdalena, Juana y María, la madre de Jacobo— entrarían corriendo a la habitación para decirles que Jesús había resucitado. ¡Lo habían visto! Pedro saldría corriendo hacia una tumba vacía (Lc 24:1-12).

Ese día aprendieron algo que se convertiría en una parte crucial de su mensaje por el resto de sus vidas: sin muerte no puede haber resurrección. Después de la muerte de Jesús, y el colapso de su fe, vino la resurrección.

Espero que experimentes el otro lado de la deconstrucción: la *reconstrucción*. ¿Por qué? ¡Porque hubo una resurrección!

NO PUEDES RECONSTRUIR TU FE SIN ANTES DECONSTRUIR TUS CREENCIAS.

Mi yerno James señala que cuando Jesús se apareció de nuevo a los discípulos, todavía tenía sus cicatrices. Su cuerpo antiguo no fue desechado; fue hecho nuevo. Esta es la belleza de nuestra fe: Dios no desecha lo viejo para traer lo nuevo. Dios transforma lo viejo en algo nuevo (2 Co 5:17; Ap 21:5).

Los discípulos no entendieron completamente quién era Jesús ni su misión hasta después de la resurrección. Primero tuvieron que pasar el dolor de ver sus esperanzas destruidas y su fe quebrantada.

Porque no puede haber resurrección sin una muerte.

Y no puedes reconstruir tu fe sin antes deconstruir tus creencias.

Derribar y construir

En Mateo 7:24-27, Jesús utilizó su experiencia como carpintero para dar un ejemplo de cómo construir nuestras vidas con fe. Cuando leas este pasaje, piensa en la lluvia como una experiencia de sufrimiento, en los torrentes como preguntas contradictorias y en los vientos como dudas:

«Por tanto, cualquiera que oye estas palabras Mías y las pone en práctica, será semejante a un hombre sabio que edificó su casa sobre la roca; y cayó la lluvia, vinieron los torrentes, soplaron los vientos y azotaron aquella casa; pero no se cayó, porque había sido fundada sobre la roca. Todo el que oye estas palabras Mías y no las pone en práctica, será semejante a un hombre insensato que edificó su casa sobre la arena; y cayó la lluvia, vinieron los torrentes, soplaron los vientos y azotaron aquella casa; y cayó, y grande fue su destrucción».

Jesús nos enseña que escuchar sus palabras y practicarlas es la mejor manera de construir nuestra casa de la fe.

Uno de los antepasados de Jesús, Salomón, dijo que hay un «Tiempo de derribar, y tiempo de edificar» (Ec 3:3). La verdad es que derribar es más fácil que construir algo significativo. Solo tienes que mirar los programas de televisión sobre reformas de casas: la escena de «derribar» dura unos minutos, pero la mayor parte del episodio se centra en el momento de «construir».

Mientras deconstruimos, ¿estamos cuestionando la validez y el valor de lo que solíamos creer de manera imprudente o cuidadosa? ¿Estamos buscando lo que es verdadero y bueno para conservarlo? ¿O simplemente estamos derrumbándolo todo?

Te daré un ejemplo. Tres de mis cuatro hijas tienen serios problemas de salud. Ha sido desgarrador y extremadamente confuso. Finalmente, descubrimos que las dos habitaciones contiguas en las que crecieron en su infancia estaban infestadas de un peligroso moho tóxico.

¿Destruimos toda la casa? No. Si toda la casa hubiera sido peligrosa, tal vez lo habríamos hecho. Pero no era toda la casa, solo eran dos habitaciones.

¿Qué hicimos entonces?

Deconstruimos esas dos habitaciones.

Nos deshicimos de lo que era tóxico.

Conservamos lo bueno y eliminamos lo malo, reconstruyéndolo con algo mejor.

Cuando te das cuenta de que algunas partes de tu fe no son correctas, no son personales, creíbles ni reflejan belleza, no descartas toda tu fe. En lugar de eso, eliminas solo las partes que no son verdaderas.

Y luego reconstruyes.

Eso fue lo que hizo Philip Yancey. Pieza por pieza, deconstruyó su fe, y gracias a Dios que lo hizo. De no haberlo hecho, aún creería que los periódicos dominicales, la música pop y los juegos de cartas son del diablo.

Después de todo por lo que pasó, habría sido muy fácil para Yancey rechazar su fe, pero no lo hizo. *Deconstruyó* su fe y luego la *reconstruyó*. Construyó una fe nueva y más fuerte, basada no en lo que su madre creía, ni en lo que le enseñó la iglesia de su infancia, ni siquiera en lo que él deseaba que fuera verdad, sino en lo que dice la Biblia. En el proceso de deconstrucción, Yancey se deshizo del moho tóxico, y en la reconstrucción, encontró *sus* creencias, *su* fe y *su* relación con Jesús. Descubrió una nueva fe que podía abrazar por completo; una fe que era personal, creíble y hermosa.

Podríamos decir que, para Philip Yancey, la deconstrucción fue una forma de discipulado.

En el contexto cristiano, un discípulo es alguien que cree en Jesús, elige seguirlo y se vuelve cada vez más como él. El discipulado es el crecimiento espiritual que lleva a la transformación hacia la semejanza de Cristo. Lo ideal es que un creyente sea discipulado por otro. Sin embargo, me pregunto si un cristiano también puede ser discipulado a través de un viaje de dudas, pasando de una deconstrucción sana a una reconstrucción bíblica.

La deconstrucción implica desmantelar y derribar, pero para que sea saludable, también debe llevar a una edificación.

Entonces, ¿cómo reconstruyes tu fe?

Cuando hay todo tipo de personas señalándote su propia forma de entender a Dios, ¿a quién escuchas? No todos piensan lo mismo. Algunos dicen que Dios está lleno de ira y listo para juzgar. Otros afirman que Dios es compasivo y cariñoso. ¿Es Dios el Dios de los bautistas, de los católicos o de los carismáticos? Muchas personas te dirigen hacia su forma de entender a Dios. Entonces, ¿a quién escuchas?

A ninguno de ellos.

Mira a Jesús.

Como nos dijo en Mateo 7, deja que sus palabras, su ejemplo y su verdad reconstruyan tu fe.

Una vez, Jesús habló con personas que querían saber cómo es realmente Dios, el Padre celestial. Jesús les dijo: «Si ustedes realmente me conocieran, también sabrían quién es mi Padre. De ahora en adelante, ya lo conocen y lo han visto» (Jn 14:7b NTV).

«Felipe le dijo: "Señor, muéstranos al Padre y quedaremos conformes". Jesús respondió: "Felipe, ¿he estado con ustedes todo este tiempo, y *todavía* no sabes quién soy? ¡Los que me han visto a mí han visto al Padre!"» (Jn 14:7-9 NTV).

Jesús les estaba diciendo que él es la imagen de Dios. Si lo vemos y llegamos a conocerlo, hemos visto y conocido a Dios. Estaba declarando que nuestra comprensión de Dios debe estar centrada él.

Cuanto más conocemos a Jesús, más conocemos a Dios. Y la Biblia nos da una imagen muy detallada de Jesús, lo que nos permite desarrollar una comprensión muy precisa de Dios. Estar convencidos de que Dios es como Jesús es lo que puede ayudarnos a superar nuestra confusión y a reconstruir una fe verdadera, una fe en la que podamos basar nuestras creencias.

Cuando observas la vida de Jesús, te das cuenta de que era asombroso por su carácter, su amor y su compasión. La manera en que se preocupaba por los que sufrían y lloraba con sus amigos. La forma en que trataba a las personas con gracia y ternura. El modo en que veía lo mejor de los peores pecadores y extendía la mano a los solitarios, a los perdidos y a los más insignificantes. Si Dios es así, puedo confiar en él, pase lo que pase en mi vida.

Y Dios es exactamente así.

Reconstruyes tu fe empezando por Jesús.

Y luego reconstruyes tus creencias basándote en la Biblia.

¿Cómo haces esto?

Te animo a que te acerques a la Biblia en oración, con la mayor sinceridad y objetividad que puedas, y a que leas siempre las Escrituras a través de la lente de Jesús y de su amor.

Es como cuando estás armando un rompecabezas y miras todas las piezas, y te sientes confundido. ¿Qué haces? Miras la imagen de la caja. Esa imagen te ayuda a entender cada pieza y cómo encajan. Jesús es la imagen de la caja. A través de él interpretamos y entendemos todo lo que hay en la Biblia.

Puede dar miedo llevar a cabo una deconstrucción reflexiva, pero vale la pena. Crecerás como resultado del cambio, aunque no siempre sea cómodo. No te rindas. No te quedes solo con la deconstrucción. Tu historia, tu fe, no termina en la muerte, sino en la resurrección. Sigue adelante, sabiendo que una nueva vida te espera al otro lado mientras reconstruyes.

Nueva vida

Quiero llevarte de vuelta al lago donde Pedro caminaba sobre el agua, hasta que comenzó a hundirse.

¿Recuerdas cuando Jesús le preguntó: «¿Por qué dudaste?»?

Tengo curiosidad: ¿lees esa pregunta como una acusación o como una invitación?

No me sorprendería si la has interpretado como una acusación decepcionada, algo como: «¿Por qué dudaste, perdedor?». Pero, conociendo lo que sabemos sobre Jesús, que él es amor, lleno de gracia y constantemente compasivo, tal vez hemos estado leyendo esa pregunta de manera equivocada.

¿Qué tal si esta pregunta no es una acusación, sino una invitación?

¿Qué tal si Jesús no estuviera culpando a Pedro (lo cual no es algo que Jesús suela hacer) sino invitándolo a una fe más profunda?

¿Notaste lo que hizo Jesús cuando le hizo esa pregunta a Pedro? Extendió su mano para ayudarlo. Eso es lo que hace el amor.

Parece como si Jesús estuviera diciendo: «Pedro, ¿por qué dudas? Tú me conoces. ¿Recuerdas el agua convertida en vino? ¿Los panes y los peces? ¿Los ciegos que ahora ven? ¿Los sordos que ahora oyen? Tú conoces todo esto, Pedro. *Me* conoces a mí. Por eso bajaste de la barca. Tienes una gran fe. Entonces ¿por qué dudas? Vamos salgamos del agua y volvamos a la barca».

> **VE LA DUDA COMO LA INVITACIÓN DE JESÚS A UNA FE MÁS EXAMINADA, MÁS REFLEXIVA Y MÁS PROFUNDA.**

Quiero animarte: si empiezas a dudar, si los vientos y las olas están afectando tu caminar de fe, no entres en pánico. Ve la duda como la invitación de Jesús a una fe más examinada, más reflexiva y más profunda.

Más tarde, Pedro tuvo otro encuentro con la duda. Después de que arrestaron a Jesús, mientras lo juzgaban la noche antes de ser crucificado, Pedro negó a Jesús tres veces. Leí un comentario en el que el autor afirmaba que esa noche Pedro se «desconvirtió». Su argumento se basaba en que Pedro negó tres veces su fe en Jesús como el Hijo de Dios.

No creo que haya sido una «desconversión», pero ciertamente fue un momento de profunda duda.

Lo que sí sé es lo que Jesús hizo en respuesta. Pedro dudó, hasta el punto de negar a Jesús, y Jesús respondió acercándose a él.

Después de su resurrección, Jesús se encontró con Pedro en una playa. Tres veces Pedro había negado a Jesús, y tres veces Jesús le preguntó: «¿Me amas?». Cada vez que Pedro dijo que sí, Jesús le respondió: «Pastorea mis ovejas» (Jn 21:14-17).

¿Qué estaba haciendo Jesús? Estaba perdonando los pecados de Pedro y reconstruyendo su fe quebrantada. Pedro había sido la oveja que se había extraviado. Jesús lo había perseguido con amor, lo encontró en una playa y lo estaba trayendo de vuelta al redil, exactamente lo que enseñó sobre sí mismo como el Pastor en Mateo 18.

Jesús había resucitado, vivía una nueva vida y ahora invitaba a Pedro a una nueva vida con una fe reconstruida.

Al decir «Apacienta mis ovejas», Jesús también estaba restaurando a Pedro a su lugar dentro del ministerio. ¿A quién escogió Dios para predicar en Pentecostés, la «gran inauguración» de su iglesia? ¿El día en que tres mil personas fueron salvas? A Pedro, cuya fe fue reconstruida *después* de la duda, quien experimentó una vida asombrosa con Dios: vida después de la deconstrucción, vida después de la reconstrucción, vida después de la duda.

Porque la duda no es enemiga de la fe, sino una invitación a una fe más profunda.

Unos treinta años después de haber sido perdonado por Jesús, Pedro escribió desde su experiencia personal: «Pues ustedes andaban descarriados como ovejas, pero ahora han vuelto al Pastor y Guardián de sus almas» (1 P 2:25). ¿Quién mejor para decir esto que una oveja perdida que fue rescatada por la mano extendida de Jesús en medio de sus dudas?

Si dudas, Jesús está extendiendo su mano hacia ti.

Él es amor.

Él te ama, y es el Buen Pastor que, con amor, vendrá tras de ti cuando estés perdido, para llevarte de vuelta a casa con su amor.

Así de bueno es él. Por eso lo sigo.

Y mi esperanza es que cuando enfrentes tus dudas, puedas deconstruir y luego reconstruir una fe en él que sea personal, creíble y hermosa.

> **Entonces, ¿qué diremos a esto? Si Dios está por nosotros, ¿quién estará contra nosotros? El que no negó ni a Su propio Hijo, sino que lo entregó por todos nosotros, ¿cómo no nos dará también junto con Él todas las cosas? [...] Cristo Jesús es el que murió, sí, más aún, el que resucitó, el que además está a la diestra de Dios, el que también intercede por nosotros. ¿Quién nos separará del amor de Cristo?**
> **—Romanos 8:31-32, 34-35**

EJERCICIO DEL CAPÍTULO 2

1. ¿Estabas previamente al tanto o has tenido alguna experiencia personal con la deconstrucción? Explica. Si tu respuesta es no, ¿qué piensas ahora que has sido introducido al tema?

2. ¿Cómo describirías la construcción de tu fe? Habla sobre tu «casa de fe».

3. ¿Cuál ha sido la mayor grieta en los cimientos de tu fe? ¿Qué creencias erróneas has tenido que enfrentar o sientes que necesitas abordar ahora?

4. ¿Qué opinas sobre cómo Jesús alentaba a las personas a deconstruir y reconstruir su fe, como lo hizo con Pedro y con el pueblo judío respecto a sus expectativas sobre el Mesías?

5. ¿Crees que tienes alguna creencia bíblicamente incorrecta o filtros sesgados al interpretar las Escrituras? Explica.

6. ¿Por qué crees que muchas personas, cuando empiezan a dudar y a luchar con su fe, prefieren «derribar la casa» en lugar de hacer el trabajo de separar las mentiras de la verdad?

7. ¿Qué piensas de esta afirmación: «Sin muerte no puede haber resurrección»? ¿Cómo podría aplicarse esta verdad a tu propio camino de fe?

8. Como discípulo de Jesús, ¿por qué es importante separar lo que es verdadero en tus creencias de lo que no lo es?

9. Después de leer este capítulo, ¿hay algún aspecto de tu fe que sientas que necesita ser deconstruido y reconstruido? Explica.

10. ¿Cómo te anima la historia de la respuesta de Jesús a Pedro en los momentos de duda y fe en tu vida?

NUESTRAS
DUDAS

CAPÍTULO 3

¿Por qué debería creer yo que Dios es bueno?

Sarah es una de las cristianas más dulces, devotas y esperanzadoras que podrías conocer. Si hablaras con ella, querrías ser su amigo y sentirías su genuina relación con Jesús y su amor por Dios.

Pero si escucharas su historia, te sorprendería el dolor que ha soportado.

Su hijo Caleb, talentoso y lleno de vida, murió en un trágico accidente. Tenía solo trece años y estaba en octavo grado. La pérdida de Caleb fue devastadora para Sarah, quien sintió que era un dolor demasiado grande de soportar.

Sin embargo, cuando parecía que las cosas no podían empeorar, lo hicieron, y mucho más de lo que ella habría imaginado.

El esposo de Sarah, Jim, era un buen esposo y padre que había lidiado con la depresión crónica durante muchos años. Había cambiado de carreras y comenzó a estudiar para ser pastor. La familia se sentía optimista a medida que él mostraba signos de haber mejorado de la desesperación que lo había perseguido durante tanto tiempo. Pero cuando Caleb murió, la esperanza de Jim también se extinguió.

Poco después de perder a su hijo en un accidente, Sarah perdió a su esposo, quien se quitó la vida.

Ella clamó a Dios, sumida en una angustia abrumadora: «¿Por qué, Dios? ¿Por qué permites que esto me pase a mí? ¿Por qué a mi familia?».

En los círculos cristianos, a menudo decimos: «¡Dios es bueno! ¡Todo el tiempo!», pero cuando parece que el servicio fiel a Dios es «recompensado» con la pérdida de un hijo y un esposo, es ahí donde muchas personas comienzan a dudar de esa bondad.

Tal vez algo doloroso haya sucedido en tu vida que te hace identificar con el dolor de Sarah, como alguna de estas situaciones:

- Has perdido a un ser querido.
- Perdiste tu trabajo.
- Tus padres se separaron o tu matrimonio terminó en divorcio.
- Alguien en quien confiabas profundamente traicionó esa confianza.
- Luchas contra la depresión, la ansiedad, una enfermedad crónica o migrañas.
- Te sientes atrapado por tentaciones que parecen insoportables.
- Ves el sufrimiento a tu alrededor, como los niños inocentes que mueren en tiroteos escolares.

Entonces, ¿Dios es bueno?

¿Todo el tiempo?

¿Es esto solo un eslogan bonito para aquellos que viven en la ignorancia, o es una realidad para quienes siguen a Jesús?

¿Por qué Dios permitió que sucediera?

John Goldingay fue pastor y profesor de seminario. Predicaba que Dios es amoroso, bueno y digno de confianza. Pasó su vida sirviendo fielmente a su congregación, a sus estudiantes y a su amada esposa, Ann. Pero un día, de repente, Ann comenzó a experimentar espasmos musculares extraños y dificultades para mantener el equilibrio, lo que pronto se convirtió en una grave preocupación tras una visita al médico y varios exámenes que confirmaron sus peores temores: Ann tenía esclerosis múltiple. Su condición fue empeorando, y perdió la capacidad de mover sus brazos y piernas. Caminar pasó de ser difícil a imposible. Su salud continuó deteriorándose hasta que, finalmente, falleció. Ann y John habían estado casados durante cuarenta y tres años.

Una vez más, como en la situación de Sarah, surge la pregunta: «¿Por qué?».

Si alguna vez has dudado de Dios por algo que te parece injusto, no estás solo. Desde hace siglos, las personas se han cuestionado la bondad de Dios en función de lo que ocurre en el mundo.

Trescientos años antes del nacimiento de Jesús, un filósofo griego llamado Epicuro planteó un argumento que cuestionaba la bondad de Dios:

1. Si Dios no es *capaz* de prevenir el mal, si no puede evitar que sucedan cosas malas, entonces no es todopoderoso.
2. Si Dios no está *dispuesto* a prevenir el mal, entonces no debe ser del todo bueno.
3. Si Dios está dispuesto y es capaz de prevenir el mal, entonces, ¿por qué existe el mal?[7]

Como seguidores de Jesús, ¿cómo respondemos a estas preguntas?

¿Estamos obligados a admitir que Dios no puede o no quiere prevenir el mal?

¿O es posible que el mal y el sufrimiento *no* sean realmente contrarios a la existencia de un Dios todopoderoso y completamente bueno? ¿O a la historia de la Biblia? ¿Es posible que el cristianismo:

1. explique de manera coherente la existencia del bien y del mal?
2. le dé un sentido a la existencia del bien y del mal?
3. realmente ofrezca una solución para el mal y el sufrimiento que experimentamos?

El libro de Dios

Algunos podrían suponer que la Palabra de Dios (la Biblia) es solo un libro de respuestas. Sin embargo, es interesante notar que las Escrituras también están

> ¿ES POSIBLE QUE EL CRISTIANISMO REALMENTE OFREZCA UNA SOLUCIÓN PARA EL MAL Y EL SUFRIMIENTO QUE EXPERIMENTAMOS?

llenas de preguntas. En lugar de ignorar los aspectos difíciles de la vida (porque no siempre muestran a Dios de la mejor manera), relatan innumerables historias de angustia, confusión, sufrimiento y dolor.

El libro más extenso de la Biblia está compuesto por 150 salmos, contiene oraciones y cánticos escritos por personas a Dios y sobre Dios. Algunos de estos salmos expresan alabanza y gratitud. Sin embargo, muchos de ellos plantean preguntas como:

- «¿Por qué, Dios?».
- «¿Hasta cuándo, Dios?».
- «¿Dónde estás, Dios?».

Exactamente las mismas preguntas que nos hacemos hoy en día.

En Hechos 13:22, Dios describe a David como «un hombre conforme a Mi corazón», porque, a pesar de todo, David ama y confía en Dios, y le clama en los salmos:

- «¿Por qué, oh SEÑOR, te mantienes alejado, Y te escondes en tiempos de tribulación?» (Sal 10:1).
- «¿*Por qué estás tan* lejos de mi salvación *y* de las palabras de mi clamor, Dios mío, de día clamo y no respondes; y de noche, pero no hay para mí reposo» (Sal 22:1-2).
- «¿Rechazará el Señor para siempre? ¿No mostrará más *Su* favor? ¿Ha cesado para siempre Su misericordia? ¿Ha terminado para siempre *Su* promesa?» (Sal 77:7-8).

El Salmo 77, del cual se tomó ese último pasaje, junto con otros once salmos, son atribuidos a un hombre llamado Asaf, quien era el líder de adoración del coro del tabernáculo. En el Salmo 73, Asaf se queja del éxito y la buena fortuna de aquellos que niegan a Dios. Él escribe: «Porque tuve envidia de los arrogantes, al ver la prosperidad de los impíos. Porque no hay dolores en su muerte, y su cuerpo es robusto. No sufren penalidades *como* los mortales, ni son azotados como los *demás* hombres» (Sal 73:3-5).

Asaf continúa describiendo cómo estas personas orgullosas tienen los mejores abdominales, la mayor cantidad de seguidores en Instagram y, de alguna manera, siempre logran conseguir las nuevas zapatillas Jordans cuando salen. (Está bien, esa es mi paráfrasis moderna, pero estoy seguro de que ya lo has descubierto). Asaf concluye con tristeza: «Ciertamente en vano he guardado puro mi corazón y lavado mis manos en inocencia, pues he sido azotado todo el día y castigado cada mañana» (Sal 73:13-14).

Si alguna vez has dudado de la bondad de Dios debido a alguna injusticia, tragedia o desilusión aplastante, como puedes ver, no estás solo. Incluso Asaf, el líder de adoración de Dios, gritó: «¿Dónde está Dios? ¿Por qué permitiría que las cosas sucedieran así? Simplemente no parece justo».

David y Asaf no fueron los únicos que cuestionaron a Dios. Lo mismo hizo Jeremías, conocido como «el profeta llorón». Él escribió un libro del Antiguo Testamento llamado Lamentaciones. La traducción original del nombre de este libro es «¿Cómo?». El libro es un lamento de oración nacido de la tristeza de Jeremías. Un ejemplo de su dolor es este: «Yo soy el hombre que ha visto la aflicción a causa de la vara de Su furor. Él me ha llevado y me ha hecho andar en tinieblas y no en luz. Ciertamente contra mí ha vuelto y revuelto Su mano todo el día» (Lm 3:1-3).

En el Nuevo Testamento, Juan el Bautista, el hombre cuyo único propósito era preparar el camino para Jesús, fue arrestado injustamente y permaneció en prisión esperando su ejecución. Seguramente Jesús podría haber rescatado a su amigo. Pero no lo hizo, y Juan fue decapitado.

En Hebreos 11, el pasaje conocido como el Salón de los Héroes de la Fe, encontramos algunos versículos inquietantes que no ayudan precisamente a reclutar nuevos miembros para la iglesia primitiva: «Otros experimentaron insultos y azotes, y hasta cadenas y prisiones. Fueron apedreados, aserrados, tentados, muertos a espada. Anduvieron de aquí para allá *cubiertos con pieles de ovejas y de cabras*; destituidos, afligidos, maltratados (de los cuales el mundo no era digno), errantes por desiertos y montañas, por cuevas y cavernas de la tierra» (vv. 36-38).

El libro de Dios no protege su propia imagen censurando cualquier conversación sobre el mal o el sufrimiento. En cambio, la Biblia parece resaltarlo.

Incluso Jesús, el Hijo de Dios, aunque es un Rey conquistador y victorioso, es llamado «varón de dolores, experimentado en aflicción» (Is 53:3).

¿Por qué Dios nos mostraría a tantos de sus elegidos, sus fieles servidores, que se quejaban de él y cuestionaban su bondad?

Quizá debamos aprender que Dios puede amar y permitir el sufrimiento al mismo tiempo. Intentemos entender por qué.

Si el amor es una elección, el sufrimiento es una posibilidad

Nuestra pregunta es la siguiente: si Dios es un Dios amoroso, ¿por qué permitiría el sufrimiento?

La respuesta es que Dios permite el sufrimiento *porque* es un Dios amoroso.

Intentemos comprender esto analizando detenidamente algunas ideas importantes.

Para empezar, ¿quién es Dios? Mientras el mundo nos dice que el amor es una emoción, las Escrituras nos enseñan principalmente que Dios es amor (1 Jn 4:16). El amor no es solo lo que Dios hace; el amor es quien es Dios. Dios *es* amor, y nos creó para amar, para ser amados por él y para amarlo, así como para ser amados por otras personas y amarlas (Mt 22:37-39).

Eso es asombroso.

Y ese es el problema.

¿Por qué?

Porque para que el amor sea verdadero amor, debe ser una elección. Sabemos eso, ¿verdad? Imagina a alguien a quien no amas exigiendo que lo ames, amenazándote: «¡Ámame ahora o de lo contrario...!». ¿Lo amarías? No. Porque no te pueden obligar a amar. El amor es amor solo cuando se elige libremente.

¿Sabes quién tuvo esa idea? Dios.

En esencia, Dios es amor y nos creó para amar, lo cual requirió que nos diera libre albedrío y el poder de elegir.

Ese es el problema.

- Si tienes la capacidad de elegir el amor, también tienes la capacidad de elegir el odio.
- Si puedes elegir lo que está bien, también puedes elegir lo que está mal.
- Si puedes elegir lo bueno, también puedes elegir lo malo.

Si no tuviéramos el poder de elegir, nunca podríamos elegir amar libremente. Sin embargo, nuestra libertad de elección es también lo que trajo el pecado al mundo. Las personas, desde Adán y Eva hasta la que escribió este libro (yo)

> **DIOS ES AMOR Y NOS CREÓ PARA AMAR, LO CUAL REQUIRIÓ QUE NOS DIERA LIBRE ALBEDRÍO Y EL PODER DE ELEGIR.**

y la que lee este libro (tú), hemos usado el libre albedrío para pecar. Y, en última instancia, es el pecado el que conduce al mal y el sufrimiento al mundo.

Entonces, ¿podría Dios eliminar el mal y el sufrimiento?

Por supuesto que sí.

Pero para hacerlo, tendría que eliminar nuestra libertad de elegir, y con ello, eliminar el amor.

O tendría que eliminarnos.

Si Dios no existe, ¿quién decide qué es el mal?

Mucha gente se pregunta: «¿Por qué existe el mal si existe Dios?» y algunos dicen: «Como existe el mal, no creo que Dios exista». Sin embargo, quizás la pregunta que deberían hacerse es: «Si Dios no existe, ¿cómo sabemos que existe el mal?».

Y si Dios no existe, ¿quién decide qué es el mal? ¿Quién es el juez? ¿Quién establece lo que es bueno o malo?

Por ejemplo, tengo una hermana menor, Lisa, tres años más joven que yo. La amo más de lo que puedo describir y la protegeré siempre, pero cuando éramos pequeños, como cualquier hermano mayor, solía molestarla.

Cada vez que lo hacía, ella llegaba a un punto en el que gritaba: «¡Basta!». Seguía con una serie de quejas y decía: «¡Estoy harta! ¡Basta! ¡Lárgate! ¡No más! ¡Caramba!». Me reía de su falta de creatividad impulsada por la ira, y ella respondía con tres temidas palabras: «¡Se lo diré!». Salía corriendo de la habitación, pero yo corría más rápido para adelantarme con mi propio «¡No, *se lo diré yo*!». Suponía que si era el primero en explicar la situación y presentar mi versión, estaría más cerca de un juicio justo e incluso podría ser declarado inocente.

Ahora bien, ¿qué habría pasado si no tuviéramos padres? Sin mamá o papá, ¿quién habría decidido quién tenía la razón?

Yo pensaba que tenía la razón, y Lisa, por su parte, creía que ella la tenía.

Sin una autoridad a la que recurrir, estaríamos cada uno con su propia opinión, sin un estándar objetivo para decidir qué está bien o mal.

Entonces, ¿qué pasaría si no existiera Dios? No habría un punto de referencia moral ni forma de calificar algo como como universalmente correcto o incorrecto.

Si no hay Dios, si todo es simplemente evolución darwiniana y supervivencia del más fuerte, ¿por qué la opinión de una persona sería mejor que la de otra? Si alguien puede dominar a una persona más débil de alguna manera, ¿no es así como funciona todo el sistema? Pero casi nadie cree esto. Diríamos que está mal. ¿Por qué? Porque Dios existe, y él ha puesto en todos nosotros un sentido innato de lo que está bien y lo que está mal (Ro 2:15).

¿Qué significa todo esto? La existencia del mal y el sufrimiento no es una prueba de que Dios no existe. Si analizamos este tema con honestidad intelectual, debemos reconocer que el hecho de que creamos en el mal y el sufrimiento es, en realidad, una prueba de que Dios sí existe.

La presencia de sufrimiento no significa ausencia de amor

Pensemos en Sarah, una dulce mujer cristiana que perdió a su hijo y a su marido. Imagina las preguntas y dudas que la invadieron mientras enfrentaba esas pérdidas tan dolorosas. Después de todo, ella había sido fiel a Dios. Su hijo no había hecho nada malo. Su marido estaba mejorando de su depresión. Como muchas personas, Sarah fue tentada a pensar: *Si Dios permite que sufra de esta manera, entonces no puede ser un Dios amoroso.* Algunos incluso dirían: «Si sufres, es porque Dios no te ama. Si te amara, ¿por qué permitiría que sufrieras?».

Cuando estamos en medio del dolor, de una traición grave o de una pérdida trágica, es fácil pensar que el sufrimiento es una señal de que no hay amor. Pero eso no es cierto.

Lo sabemos porque lo vemos todos los días.

En el verano de 2020 me operaron. El médico, que además es amigo mío, no me odiaba, pero me hizo pasar por sufrimiento durante la operación. Y sentí dolor después de la cirugía. Ese dolor no fue porque no me quisiera, sino porque me prometía algo mejor.

Tengo otro buen amigo que es fisioterapeuta. A veces me provoca dolor porque me estira y trabaja en mis músculos. Antes de comenzar, incluso me avisa: «Esto va a doler». ¿Me hace sufrir porque no me quiere? No. Lo hace porque sabe que eso me llevará a sentirme mejor.

Lo mismo pasa con los terapeutas. A veces te hacen preguntas que te obligan a recordar momentos dolorosos de tu infancia. No es divertido, pero no lo hacen porque sean crueles, sino porque creen que ese es el camino hacia la curación. Te están conduciendo hacia algo mejor.

¿Has visto alguna vez a alguien que se disloca el brazo? Duele muchísimo, pero para sanarlo hay que volver a colocar el hueso en su lugar, lo que genera más dolor. ¿Pero qué sucede después? Hay un alivio increíble porque el brazo se ha realineado correctamente. Una vez más, el dolor lleva a algo mejor.

Lo mismo ocurre con los padres que disciplinan a sus hijos. Los buenos padres no disciplinan a sus hijos para ser crueles, sino porque los aman.

En las relaciones sanas, entendemos que el «amor duro» no es abuso, sino una corrección necesaria para ayudar a alguien a asumir la responsabilidad de sus acciones. Con el amor de Dios ocurre lo mismo: la presencia del dolor no significa ausencia de amor. De hecho, muchas veces el dolor es la evidencia del verdadero amor.

¿Por qué le pasan cosas malas a la gente buena?

Estaba en las gradas viendo a mi hijo Stephen jugar fútbol, sentado junto a otro padre. Empezamos hablar por casualidad sobre el partido. Después de unos minutos, pareció reconocerme. Me preguntó: «Por casualidad, ¿eres el pastor de una iglesia?». Asentí, y él dijo: «Eso pensé». Después de presentarse como Bruce, hizo una pausa, tragó saliva y me preguntó con total sinceridad: «Tengo curiosidad. ¿Cómo puedes creer en Dios cuando parece que no le importa?». En su pregunta no había enojo ni acusación en sus palabras. Pude sentir su dolor. En verdad hacía una pregunta difícil.

«Si te sientes cómodo, cuéntame por qué preguntas eso», le dije en voz baja, respetando que otros podrían escuchar.

Bruce, sin dudarlo, durante los siguientes minutos, dejó que brotara todo su dolor. Me dijo que había crecido en una iglesia católica y que siempre iba a misa. Se casó con una chica católica en la iglesia, y ambos asistían a misa regularmente. Tuvieron un hijo y querían tener una hija. Ella quedó embarazada nuevamente. Tuvieron otro hijo; ella aún quería una hija. Quedó embarazada una vez más. Esta vez, Dios respondió a sus oraciones: ¡tuvieron una hija! Desafortunadamente, nació con un problema cardíaco grave y necesitaba someterse a una cirugía de alto riesgo. Rezaron, su sacerdote rezó, encendieron velas y rezaron un poco más. Pero su hija murió en la cirugía.

Cuando me compartió esas palabras, el corazón se me encogió. Mientras mi sano hijo corría en el campo de fútbol, me preguntaba cuál sería la mejor manera de responder a su dolorosa pregunta: «¿Cómo puedes creer en un Dios cuando ni siquiera le importa?».

Sentí un profundo dolor por él e hice una oración silenciosa, pidiendo a Dios que me diera sabiduría para saber cómo responder. Sin embargo, antes de que tuviera la oportunidad de hablar, Bruce continuó. Conteniendo las lágrimas, defendió su caso: «Soy una buena persona. Siempre traté de hacer lo correcto. Siempre creí en Dios. ¿Por qué permitió que me pasara esto? ¿Por qué? ¿Por qué le pasan cosas malas a la gente buena?».

Es una pregunta difícil, no porque no haya una buena respuesta, sino porque nadie quiere escuchar la buena respuesta. Y definitivamente no quería darle esa respuesta a Bruce en ese momento, en medio de su dolor. Para las personas que sufren, el momento oportuno lo es todo.

Pero hay una respuesta.

¿Quieres saber cuál es la verdadera respuesta?

De acuerdo, aquí está, pero te lo advierto, no te gustará.

¿Por qué le pasan cosas malas a la gente buena?

La realidad es que no es así, porque no somos realmente personas buenas. Te dije que no te gustaría, pero es la verdad.

Eso es lo que Dios nos dice constantemente en la Biblia.

Al igual que mi nuevo amigo del partido de fútbol, sé lo que estás pensando: *Puede que yo no sea perfecto, pero tengo un buen corazón*. La mayoría de la gente se cree «una buena persona». Pero, desafortunadamente, eso simplemente no es cierto para ninguno de nosotros. Este es el diagnóstico de Dios: «Más engañoso que todo es el corazón, y sin remedio; ¿quién lo comprenderá?» (Jr 17:9). Si bien no siempre puedo entender mi propio corazón, puedo decir que sé que no tengo un buen corazón. ¿Por qué? Porque mi corazón me ha llevado a tener malos pensamientos, a hacer cosas pecaminosas y a decir palabras hirientes.

«¿Por qué le pasan cosas malas a la gente buena?». Es una pregunta imposible de responder, porque ninguno de nosotros somos buenas personas.

La verdad es que «todos pecaron y no alcanzan la gloria de Dios» (Ro 3:23) y «No hay justo, ni aun uno» (Ro 3:10). Sin la obra renovadora de Cristo, ninguno de nosotros tiene un buen corazón.

En Marcos 10, hay una conversación interesante en la que Jesús se centra en lo que llamamos «bueno». Cuando Jesús se dirigía a Jerusalén, un hombre se le acercó corriendo, se arrodilló y le preguntó: «Buen Maestro, ¿qué debo hacer para heredar la vida eterna?».

> SIN LA OBRA RENOVADORA DE CRISTO, NINGUNO DE NOSOTROS TIENE UN BUEN CORAZÓN.

«¿Por qué me llamas bueno?», preguntó Jesús. «Solo Dios es verdaderamente bueno».

Después de una breve discusión sobre los mandamientos, y tras responder el hombre que decía haber guardado todos los que Jesús mencionó, las cosas tomaron un giro interesante. «Al mirar al hombre, Jesús sintió un amor genuino por él. "Hay una cosa que todavía no has hecho", le dijo. "Anda y vende todas tus posesiones y entrega el dinero a los pobres, y tendrás tesoro en el cielo. Después ven y sígueme". Al oír esto, el hombre puso cara larga y se fue triste porque tenía muchas posesiones» (vv. 21-22 NTV).

Así que, en realidad, *podemos* responder la pregunta. Ha habido una buena persona. Jesús. Y le pasó algo realmente malo. De hecho, se ofreció como voluntario para soportar el dolor y el sufrimiento. La única buena persona, que nunca había hecho nada malo, aceptó el castigo por todos nuestros pecados.

Jesús, el Hijo de Dios sin pecado, que no había cometido pecado alguno, renunció a la gloria del cielo y nació en la pobreza. Más tarde, cuando creció en popularidad, su familia pensó que había perdido la razón. Incluso, después fue abandonado por sus amigos. Fue acusado falsamente. Incluso fue encarcelado injustamente. Lo golpearon. Fue torturado. Lo desnudaron. Fue crucificado de una forma vergonzosa en una cruz. Entonces el único que era bueno, el único que nunca había pecado, se hizo pecado por nosotros. Él fue separado de su Padre para que nosotros ya no tuviéramos que estar separados de él. Jesús entregó su vida para poder darnos vida.

Dios permitió que su único Hijo pasara por todo ese sufrimiento y dolor.

¿Por qué?

¿Por qué Dios permitió que le sucediera algo malo a la única persona buena?

Por amor. Porque «tanto amó Dios al mundo que dio a su único Hijo» (Jn 3:16).

¿Por qué Dios permite que sucedan cosas malas en nuestras vidas?

No sé cuál sea la respuesta en cada situación específica, pero sé cuál no es la respuesta.

La respuesta no es que Dios no te ama.

Dios te ama tanto que envió a Jesús a morir por ti, y no fue porque seas bueno, sino porque él es amor.

«Cuando éramos totalmente incapaces de salvarnos, Cristo vino en el momento preciso y murió por nosotros, pecadores. Ahora bien, casi nadie se ofrecería a morir por una persona honrada, aunque tal vez alguien podría estar dispuesto a dar su vida por una persona extraordinariamente buena; pero Dios mostró el gran amor que nos tiene al enviar a Cristo a morir por nosotros cuando todavía éramos pecadores.

Entonces, ya que hemos sido hechos justos a los ojos de Dios por la sangre de Cristo, con toda seguridad él nos salvará de la condenación de Dios».

—ROMANOS 5:6–9 (NTV)

Dios te ama tanto que permitió que su propio Hijo sufriera lo inimaginable mientras tú estabas en tu peor momento. Por lo tanto, puedes estar absolutamente seguro de que cualquier cosa mala que te suceda no se debe a que Dios no te ama.

Así que esa no es la respuesta. Pero entonces, ¿cuál es la respuesta? ¿Por qué Dios permite que sucedan cosas malas?

La verdad es que, nuevamente, no lo sé.

Al comienzo del capítulo mencioné a John Goldingay. En su libro *The Jesus Creed*, el autor Scot McKnight comparte las palabras de John, que describen la batalla perdida de su esposa contra la esclerosis múltiple. John dice: «Todos buscamos significado en la tragedia, y cualquier respuesta inadecuada al problema del sufrimiento parece preferible a la respuesta honesta y verdadera: "No lo sabemos". Por eso la gente sigue repitiendo respuestas inadecuadas». John continúa diciendo: «A veces puede haber explicaciones para la calamidad que desconocemos. Sin embargo, debemos aprender a vivir con Dios sin conocerlas».[8]

Y luego está Sarah, quien enfrentó la vida sin su hijo y sin su marido. ¿Por qué tuvo que soportar esas pérdidas? Aunque no puedo estar seguro, Sarah me dio su permiso para compartir un correo electrónico que me envió y que conmovió profundamente mi corazón. Después de que prediqué un mensaje sobre cómo encontrar sanidad en medio de la depresión, ella escribió:

«Le escribo con lágrimas en los ojos y un corazón desbordante de agradecimiento. Durante su sermón de hoy, me preguntaba cómo sus palabras habrían llegado a mi esposo. Su mensaje realmente me alienta y me llena de esperanza para todos aquellos que lo escucharon. Que Dios bendiga ampliamente cada uno de sus esfuerzos por alcanzar a quienes están atrapados en el pozo de fango, y bendiga a aquellos que están dispuestos a ensuciarse para ayudar a sacar a los quebrantados y heridos».

Esta preciosa mujer, que había perdido no a uno, sino a dos hombres, firmó su correo electrónico con estas palabras:

«Jesús es suficiente, Sarah».

Jesús es suficiente.

Actualmente, Sarah lidera un grupo para quienes están en proceso de recuperación tras un trauma y buscan sanarse de una pérdida trágica.

¿Es posible que el cristianismo realmente ofrezca sentido, significado y una solución al mal y al sufrimiento que experimentamos?

No sabemos por qué ocurren estas cosas, pero sabemos que podemos confiar en Dios. Podemos vivir con Dios sin conocer todas las respuestas, porque él es amor, y nos amó lo suficiente como para enviar a Jesús a morir por nosotros.

Y creo que la muerte de Jesús puede ayudarnos a entender al menos una parte de la razón.

Jesús murió, pero no permaneció muerto. ¿Por qué Dios permitió que sucediera el peor desenlace posible?

Porque te ama.

Porque Dios sabía que algo mejor estaba por venir. Hoy podemos tener la certeza de esto:

- Puede haber victoria después de la pérdida.
- Puede haber sanidad después del dolor.
- Puede haber libertad después de la esclavitud.
- Puede haber resurrección después de la muerte.

Dios nunca nos prometió una vida sin dolor. De hecho, Jesús nos aseguró lo contrario cuando dijo: «Aquí en el mundo tendrán muchas pruebas y tristezas» (Jn 16:33 NTV).

Sin embargo, Dios sí nos prometió su presencia en medio de nuestro dolor. Si te sientes herido, deprimido o desanimado, aférrate a estas promesas de la Palabra de Dios:

> **DIOS NUNCA PROMETIÓ UNA VIDA SIN DOLOR. SIN EMBARGO, SÍ NOS PROMETIÓ SU PRESENCIA EN MEDIO DE NUESTRO DOLOR.**

- «Dios es nuestro refugio y fortaleza *nuestro* pronto auxilio en las tribulaciones» (Sal 46:1).
- «El SEÑOR está cerca de todos los que lo invocan, de todos los que lo invocan en verdad. Cumplirá el deseo de los que le temen, también escuchará su clamor y los salvará» (Sal 145:18-19).
- «Dios ha dicho: "NUNCA TE DEJARÉ NI TE DESAMPARARÉ"». Por eso decimos con confianza: «EL SEÑOR ES EL QUE ME AYUDA; NO TEMERÉ» (He 13:5-6).
- Jesús dijo: «Por tanto, ahora ustedes tienen también aflicción; pero Yo los veré otra vez, y su corazón se alegrará, y nadie les quitará su gozo» (Jn 16:22).

Él prometió que algo mejor está por llegar.

Al igual que Jesús, sufriremos.

Al igual que Jesús, moriremos.

Al igual que Jesús, *resucitaremos*.

Goldingay explica que, ante la tragedia, buscamos respuestas, pero no siempre las conocemos. Nos anima a seguir adelante, en la fe y en medio del dolor. Él dice: «Estamos invitados a expresar nuestra desesperanza y a dejarnos empapar, envolver y sumergir en la "contrahistoria" de la vida, muerte y resurrección de Jesús, porque son la base de la esperanza».[9]

Tenemos esperanza en esta vida porque sabemos que hay vida después de esta vida.

Algo mejor está por llegar.

Mira cómo la Biblia describe la vida después de esta vida: «¡Miren, el hogar de Dios ahora está entre su pueblo! Él vivirá con ellos, y ellos serán su pueblo. Dios mismo estará con ellos. Él les secará toda lágrima de los ojos, y no habrá más muerte ni tristeza ni llanto ni dolor. Todas esas cosas ya no existirán más» (Ap 21:3-5 NTV).

Incluso en nuestras dudas, preguntas y sufrimiento, podemos tener esperanza porque algo mejor está por venir.

Un día, cuando estemos unidos a Jesús, ya no habrá más lágrimas, ni muerte, ni luto, ni llanto, ni dolor. No habrá más enfermedad, rechazo ni angustia. No habrá más vergüenza, pena ni depresión. No habrá más abuso. No habrá más noches llorando hasta quedarnos dormidos.

Algo mejor está por venir.

Pero aún no hemos llegado a ese punto.

Todavía vivimos en un mundo afectado por el pecado donde, al igual que el amor es posible, también lo es el mal.

Esto podría hacer que algunos duden.

Esto podría llevarnos a hacer preguntas difíciles.

Esto podría llevarnos a enfrentar respuestas difíciles.

Pienso en una dulce niña que Amy y yo conocemos y queremos mucho. Su padre abusó sexualmente de ella repetidamente. Ahora le resulta casi imposible confiar en alguien. Ella me preguntó por qué le pasó esto.

Pienso en una familia increíble cuyo nuevo hogar tuvo una fuga de gas y explotó. Su hija menor murió en el accidente. Es comprensible que se pregunten por qué.

También pienso en una madre de treinta y un años, que falleció, dejando dos hijos. Me reuní con su marido. Él solo quería saber por qué.

Realmente no puedo responder sus preguntas. Lo mejor que puedo hacer es llorar con ellos.

Cuando estás en medio de algo que parece injusto, puede ser fácil concluir que Dios no debe ser bueno. Pero sabemos que eso no es cierto. Así que no huimos de él. En cambio, nos aferramos y no nos soltamos.

¿Recuerdas a Asaf, el líder de adoración del coro del templo? El que se quejaba de la prosperidad, de los abdominales y de los seguidores de Instagram, de los malvados y pensaba: «Seguramente he mantenido puro mi corazón en vano». Después de expresar su queja ante Dios, respiró hondo y recordó lo que sabía que era verdad:

Sin embargo, yo siempre estoy contigo;

Tú me has tomado de la mano derecha.

Con Tu consejo me guiarás,

y después me recibirás en gloria.

—SALMO 73:23-24

La presencia de Dios estuvo con él incluso en su dolor.

Dios tenía algo mejor por venir.

Entonces, si estás viviendo con dolor y te preguntas dónde está Dios, recuerda que aún no hemos llegado al final. La buena noticia es que, por la gracia, el poder, la gloria y la bondad de Dios, algo mejor está por venir. Dios es bueno.

Y Dios está contigo.

Él sufre contigo.

Por ahora, abrázalo y no lo sueltes.

Algún día podrás mirar atrás y darte cuenta de que Dios fue bueno todo el tiempo.

Mi oración es que experimentes la realidad de lo que Sarah encontró en medio de su pérdida y dolor: Jesús es suficiente.

Acerquémonos con corazón sincero, en plena certidumbre de fe [...] Mantengamos firme la profesión de nuestra esperanza sin vacilar, porque fiel es Aquel que prometió.
—Hebreos 10:22-23

EJERCICIO DEL CAPÍTULO 3

1. ¿Cuál ha sido la tragedia más desafiante en tu vida que te ha hecho preguntarte cosas difíciles sobre tu fe? Explica.

2. En respuesta al argumento de Epicuro, ¿cómo explicas que Dios puede ser todopoderoso y completamente bueno en medio de nuestro dolor y sufrimiento?

3. Considera el libro de Lamentaciones y los salmos de Asaf. ¿Por qué supones que Dios ha permitido que se incluyan oraciones de duda, preguntas y lamentos en su Palabra?

4. Piensa en la sección «Si el amor es una elección, el sufrimiento es una posibilidad». ¿Qué opinas sobre la relación que hay entre el libre albedrío, el amor y el pecado?

5. ¿Cómo es nuestro sentido innato del bien y del mal evidencia de la existencia de Dios?

6. ¿Estás de acuerdo en que a veces «la presencia de dolor real es evidencia de amor verdadero»? ¿Por qué sí o por qué no?

7. ¿Por qué crees que la verdad bíblica «Nadie es justo» (Ro 3:10 TLA) puede ser difícil de aceptar para las personas?

8. ¿Cómo te sientes acerca de la respuesta de Sarah ante su increíble pérdida, cuando dijo: «Jesús es suficiente»? ¿Te identificas con ella o la rechazas? Explica.

9. ¿Cómo puede el evangelio —la esperanza brindada mediante la muerte y resurrección de Jesús— cambiar la forma en que vemos el sufrimiento y el dolor en nuestras vidas?

10. Después de leer este capítulo, ¿sientes que comprendes mejor las posibles respuestas a la pregunta universal «¿Por qué, Dios?». Explica.

CAPÍTULO 4

¿Por qué Dios no responde mis oraciones?

Sostuve a mi esposa, Amy, mientras ella lloraba sin parar. Su hermano David tenía solo treinta y cuatro años cuando murió.

«Confiamos en Dios y ahora David se ha ido. No lo puedo entender. Reclamamos las promesas de Dios. Teníamos una fe inquebrantable. Hicimos todo lo que se suponía que debíamos hacer. ¿Por qué Dios no lo sanó? ¿Por qué no respondió nuestras oraciones?».

Yo me solidaricé con su dolor. Supongo que tú también podrías sentir lo mismo.

En situaciones como esta, la oración puede resultar muy confusa.

No es lo que esperas escuchar de un pastor al comenzar un capítulo sobre la oración en un libro sobre cómo superar tus dudas, ¿verdad? Pero seamos honestos, es confuso, ¿o no?

Voy a explicarlo. Quédate conmigo.

Si te preguntara: «¿Crees en el poder de la oración?», seguramente me responderías que sí.

Es difícil no hacerlo.

Si lees la Biblia, lo ves claramente.

Josué, el profeta, oró para que el sol se detuviera, ¡y así fue! Durante todo un día «esto va a hacer ver al horario de verano como un chiste» (Jos 10:12-14).

¿Y qué tal la ocasión en la que Elías se enfrentó a cientos de profetas de un dios falso llamado Baal y necesitaba que el sacrificio prendiera fuego para demostrar que su Dios era el verdadero? Entonces empapó el altar con agua. (Mi formación científica rudimentaria me dice que, para que haya fuego, necesitas oxígeno, calor y combustible, y que el H2O es *muy* contraproducente). Pero Elías oró y... ¡bum! Adele canta «Prendí fuego a la lluvia» y Elías grita: «¡¿Quién manda ahora?!», ¡y los profetas de Baal son cosa del pasado! (1 R 18:22-40).

Luego está Daniel, quien no dejó de orar aun cuando el rey Darío prohibió hacerlo. Como castigo, el rey lo lanzó a un foso de leones hambrientos. Pero Daniel siguió orando. ¿Y cuál fue la respuesta de Dios? ¡Cerró la boca a los leones! (Dn 6:6-23).

Dios es bueno todo el tiempo, y todo el tiempo Dios es bueno.

¿Crees que Dios responde la oración?

Es difícil no hacerlo.

Mi fe en que Dios responde mis oraciones no se basa solo en lo que veo en las Escrituras, sino también en lo que he experimentado en mi vida. A lo largo de los años, he visto a Dios hacer cosas fantásticas e inexplicables en respuesta a mis oraciones.

Vi a una señora recuperar su vista después de haberla perdido.

Escuché a médicos desconcertados por la desaparición de un cáncer.

Vi a un hombre que había fumado por catorce años dejar de hacerlo inmediatamente después de que oramos.

Incluso vi a un adorador del diablo cambiar físicamente cuando alguien oró por él. ¡Y ese adorador del diablo terminó convirtiéndose en un discípulo de Jesús!

Seguro que tú también tienes tus historias propias de oraciones respondidas. Quizás Dios te proveyó lo que necesitabas cuando se lo pediste.

O te dio sabiduría cuando la necesitabas.

Quizá te ayudó a superar una adicción.

O te consoló en medio del dolor mientras orabas y adorabas.

Entonces, ¿crees que Dios responde las oraciones?

Es difícil no creerlo.

Pero, cuando piensas en las oraciones que no han sido respondidas, puede ser confuso.

¿Creo que Dios responde a las oraciones? Sí, pero algunas veces es más difícil que otras. Si soy honesto, a veces es muy difícil.

A pesar de la «lista de oraciones respondidas» que acabo de mencionarte, también he hecho muchas peticiones que Dios no ha concedido. A veces he sentido como si hubiera ignorado muchas de mis oraciones a lo largo de los años.

Amy y yo teníamos amigos cercanos que estaban pasando por una crisis matrimonial. Oramos con fe por ellos todos los días. Ellos se divorciaron.

Mi pastor, Nick, una de las personas que más influyó en mi vida espiritual y mi llamado al ministerio, contrajo COVID. La mayoría de las personas se recuperaron del COVID, pero yo no iba a correr riesgos. Oré. La salud de Nick empeoró. Reuní a los mejores guerreros de oración de la iglesia. Elevamos oraciones intensas, audaces, aplastadoras del diablo y que sacudieron el cielo... y Nick murió.

También hubo una vez en la que me invitaron a orar antes de un partido de fútbol en una escuela cristiana. ¿Qué se ora cuando ambos equipos son de escuelas cristianas? No puedes pedir que gane uno de los equipos, porque eso sería parcial, y después del partido podrías encontrarte algunos padres del otro equipo. Así que oré por seguridad y un buen espíritu deportivo. ¿Cómo respondió Dios? Un niño le rompió la pierna a otro en dos, lo que provocó una pelea y la suspensión del partido. (No es de extrañar que nunca me volvieran a invitar a orar).

Entonces, ¿creo que Dios responde las oraciones?

A veces es difícil.

Es confuso.

Uno pensaría que la Biblia haría que la oración fuera menos confusa. Pero no siempre es así. ¿Qué hacemos con la promesa que Jesús hace en Juan 14:13-14: «Y todo lo que pidan en Mi nombre, lo haré, para que el Padre sea glorificado en el Hijo. Si me piden algo en Mi nombre, Yo *lo* haré».

Todas las veces que Dios respondió mis oraciones, siempre oré en el nombre de Jesús.

Y en las veces que no lo hizo, también oré en el nombre de Jesús.

Entiendo por qué el teólogo anglicano y gigante intelectual C. S. Lewis tenía dudas. Después de años en los que Dios había respondido fielmente a sus oraciones, pidió que su esposa fuera sanada del cáncer de huesos. Pero Dios no la sanó, y ella murió. Puedes sentir el dolor en el corazón de Lewis cuando escribió tras su muerte:

«Acude a Él cuando estás en una necesidad desesperada, cuando toda otra ayuda ha fallado, ¿y qué encuentras? Una puerta que se cierra de golpe en tu cara y el sonido de cerrojos, uno tras otro, por dentro. Después de eso, silencio. Bien podrías darte la vuelta. Cuanto más esperas, más profundo se hace el silencio. No hay luces en las ventanas. Podría ser una casa vacía. ¿Alguna vez estuvo habitada? En algún momento lo parecía, y esa sensación era tan fuerte como el silencio ahora. ¿Qué significa todo esto? ¿Por qué está tan presente como un comandante en nuestros tiempos de prosperidad y tan ausente como ayuda en tiempos de problemas?».[10]

Dios es bueno todo el tiempo, pero a veces no hace lo que creemos que debería hacer.

La oración es poderosa. Y confusa.

¡Dios responde a las oraciones! ¡Y a veces no lo hace!

La oración es dinámica. Y decepcionante.

La oración nos lleva a la bendición de Dios.

Pero también puede hacer que nos sintamos frustrados.

Si oraste con fe y creíste que Dios respondería, pero no lo hizo, esa decepción pudo haber generado en ti un desánimo espiritual, que a su vez se convirtió en dudas espirituales profundas. Seguramente tienes preguntas. Quizá te preguntes:

- ¿El problema es Dios o soy yo?
- ¿Estoy orando mal?
- ¿Realmente sé lo que es la oración?
- ¿A Dios le importa?

Vamos a intentar responder estas preguntas, aclarar algunas confusiones y tal vez incluso eliminar nuestras dudas.

El propósito de la oración

Hace algunos años salió una película en la que el personaje principal, un hombre muy egocéntrico, decía que sentía que la vida era como una película y que él era el protagonista. Todas las demás personas —el cajero del supermercado, sus padres, las mujeres con las que salía, sus vecinos— eran solo actores secundarios que hacían apariciones breves en la película, que en realidad trataba únicamente sobre su vida.

¿Suena loco?

Lo que es más loco es que yo también, a veces, me siento tentado a pensar lo mismo.

Y me imagino que tú también.

Esa creencia de que el mundo gira a nuestro alrededor revela el problema más profundo de la humanidad: el egoísmo que está en el corazón mismo del pecado.

Quizás sea difícil escuchar esto, porque todos hemos sido condicionados tanto por nuestra naturaleza egocéntrica como por la cultura egocéntrica, pero la verdad es esta: tú no eres el personaje principal de la historia. Y para ser claros, ni siquiera eres el personaje principal de tu propia historia.

Lamento ser tan directo, pero alguien tenía que decirlo.

¿Quién es el verdadero protagonista?

Dios.

Él es la estrella de la historia. Él debería ser la estrella de tu historia también.

¿Y qué tiene esto que ver con la oración?

Cuando pensamos que somos el personaje principal, es normal creer que Dios existe para servirnos. Si alguien escuchara todas tus oraciones, me pregunto si llegarían a la conclusión de que crees que Dios es tu asistente divino, que existe solo para hacer que tu vida sea mejor.

Pero no se trata de ti.

Y no se trata de mí.

Aunque en mi corazón sé que la vida se trata de la gloria de Dios, de su voluntad y de su plan, y no del mío, mis oraciones no siempre reflejan esa realidad. Si soy sincero, muchas veces mis oraciones parecen más un intento de decirle a Dios lo que quiero, lo que creo que es mejor y lo que debe hacer. Pero ese no es el propósito de la oración.

EL PROPÓSITO DE LA ORACIÓN NO ES QUE DIOS HAGA NUESTRA VOLUNTAD, SINO CONOCERLO PARA QUE PODAMOS HACER LA SUYA.

Tenemos que aceptar la realidad de que Dios es la estrella de la historia. Él no existe para servirnos. Nosotros existimos para servirle a él. Esta verdad se ve reflejada en la vida de Jesús a lo largo de los Evangelios.

Cuando entendemos esto, nos damos cuenta de que el propósito de la oración no es hacer que Dios cumpla nuestra voluntad. El propósito de la oración es conocer a Dios para que podamos hacer su voluntad.

El propósito de la oración es conocer a Dios íntimamente, porque él es un Dios íntimo. A medida que nuestra intimidad con él se fortalece, entendemos cada vez mejor lo que él quiere que hagamos para cumplir sus propósitos.

Dios no es tu «Papá Noel espiritual». Su misión no es darte todo lo que piensas que necesitas. No está revisando una lista, y mucho menos revisándola dos veces, porque su respuesta a tus oraciones no depende de si te has portado bien o mal.

Tampoco es el millonario en el cielo esperando cumplir tus solicitudes de viajes, lujos y comodidades, a cambio de que pases tiempo de calidad con él.

Dios no es tu ventanilla de autoservicio espiritual. ¿Te has dado cuenta de que a veces lo tratamos así? La mayoría del tiempo lo ignoramos hasta que necesitamos algo, y entonces recordamos: «¡Ah, claro, la oración!». Entonces vas, presionas el botón y haces tu pedido. «Dios, necesito esto...». Y luego te estacionas esperando que te dé inmediatamente todo lo que pediste.

Tenemos que entender que Dios no es un benefactor en el cielo ni un botón que apretar; es una relación que hay que cultivar. Dios es amor. Nos creó para recibir su amor y amarlo a él, y toda relación tiene en la comunicación su esencia. Dios es amor, y la oración es su lenguaje. Oramos porque queremos conocer más a Dios, porque deseamos parecernos más a él. Nuevamente, el propósito de la oración no es hacer que Dios cumpla nuestra voluntad; el propósito es conocer a Dios para poder hacer su voluntad.

Podrías decir: «Pero Jesús nos dijo que pidiéramos. ¡Mira ese versículo en Juan 14 donde lo dijo!». Sí, es cierto. Y deberíamos pedir. Dios nos ama tanto que quiere que le pidamos, y porque nos ama, a menudo le encanta darnos lo que pedimos. Pero ese no es el propósito de la oración.

Piénsalo de esta manera: ¿qué pasaría si yo creyera que el propósito del matrimonio fuera simplemente pedirle a Amy que hiciera cosas por mí, y que ella me diera todo lo que quiero? No lo llamaríamos matrimonio, y mucho menos lo llamaríamos amor. Claro, a veces le pido cosas a Amy, y porque me ama, muchas veces hace lo que le pido. Pero ese es solo un aspecto de nuestra relación, no el más significativo, y definitivamente no es el propósito de nuestro matrimonio.

De la misma forma, puedes pedirle cosas a Dios (y él quiere que lo hagas), pero ese no es el propósito de la oración.

Otra vez, podrías decir: «Pero Jesús no nos dijo solo que pidiéramos». Dijo: «Pidan lo que quieran en mi nombre, y Yo lo haré». Prometió responder nuestras oraciones. Pero, a veces, no lo hace. Entonces, ¿Jesús mentía?

Esa pregunta puede ser la raíz de algunas de tus dudas más profundas:

- Oré para que mi madre fuera sanada, y no lo fue. ¿Por qué Dios no respondió mi oración?
- Oré por un nuevo trabajo, pero aún no lo tengo. ¿Por qué Dios no me lo dio? ¿Qué pasó con esa promesa de Jesús?
- Le pedí a Dios que me enviara un cónyuge, pero sigo solo. ¿Realmente le importo? ¿Está siquiera ahí?

Estas son preocupaciones serias, preguntas profundas que han hecho que algunas personas sinceras se alejen de su fe.

Entonces, ¿cuál es la respuesta?

No puedo decirte por qué Dios no hizo lo que podría haber hecho. Pero tengo algunas ideas que podrían ayudarte.

Déjame empezar diciendo que debemos tener cuidado al construir una teología basándonos en un solo versículo. Queremos entender e interpretar cada versículo dentro de su contexto y en el contexto de toda la Biblia.

Es peligroso tomar un versículo, especialmente fuera de contexto, y basar todo nuestro entendimiento en él. Queremos tener una visión general de lo que dice la Biblia para asegurarnos de que comprendemos ese versículo correctamente.

Así que esto es lo que propongo: veamos lo que Dios nos dice sobre las oraciones respondidas en diferentes pasajes de la Biblia, para permitir que la Biblia interprete la Biblia. Creo que encontraremos algunas razones por las cuales Dios no siempre responde nuestras oraciones de la manera que queremos. Vamos a repasar cuatro posibles razones por las cuales Dios no hizo lo que le pediste.

Razón # 1: una relación rota

Jesús estaba hablando con uno de sus discípulos sobre la fe y la oración.

Les explicó el poder de la oración, diciendo que si tienes fe, puedes pedir que algo tan impresionante como una montaña se mueva, y Dios lo hará realidad.

Entonces, Jesús dice: «Por eso les digo que todas las cosas por las que oren y pidan, crean que *ya las* han recibido, y les serán *concedidas*» (Mr 11:24).

Ahí va Jesús otra vez, haciendo grandes promesas acerca de cómo Dios responde a la oración. Este versículo se parece mucho a otros que hemos leído.

Pero luego dice algo interesante: «Y cuando estén orando, perdonen si tienen algo contra alguien, para que también su Padre que está en los cielos les perdone a ustedes sus transgresiones» (Mr 11:25).

Dijo algo similar en Mateo 5:23-24: «Por tanto, si estás presentando tu ofrenda en el altar, y allí te acuerdas que tu hermano tiene algo contra ti, deja tu ofrenda allí delante del altar, y ve, reconcíliate primero con tu hermano, y entonces ven y presenta tu ofrenda».

Pedro, uno de los amigos más cercanos de Jesús, también aprendió esto de él, instruyó a los maridos a que «convivan de manera comprensiva *con sus mujeres*, como con un vaso más frágil», —lee bien— «para que sus oraciones no sean estorbadas» (1 P 3:7).

Parece que nuestras relaciones con otras personas son importantes cuando oramos a Dios.

Si tienes hijos, seguro lo entiendes. Imagina que tus hijos están peleando. Están gritándose el uno al otro. Entran corriendo y chillando: «¡Ella me jaló el pelo!». «Bueno, ¡él me llamó mocosa, fracasada y borracha!». Luego preguntan: «¿Podemos invitar amigos esta noche?». ¿Cuál sería tu respuesta? No. «¿Podemos pedir pizza para cenar?». No.

¿Por qué?

Porque están peleando.

¿Eso significa que los amas menos? Por supuesto que no. ¿Quieres bendecirlos? Claro que sí. Pero no están haciendo lo que les pediste: tratarse bien.

Les dirías: «Este no es el momento para pedirme nada. Primero arreglen las cosas entre ustedes. Ámense, uno al otro, como lo hacemos en esta familia y luego hablamos».

Eso es prácticamente lo que dijo Jesús: «Primero ve y reconcíliate». Es como si estuviera diciendo: *Lo más importante no es tu lista de deseos, sino amarme a mí y amar a los demás. Lo esencial es en quién te estás convirtiendo, no las bendiciones que recibes. La prioridad es cómo vives y cómo amas a los demás, no lo que deseas.*

Quizá recuerdes una ocasión en la que le pediste a Dios que hiciera algo y no lo hizo. Tal vez, al mismo tiempo, tenías resentimiento hacia alguien o había una relación rota que no intentaste reconciliar. Quizás Dios quería que buscaras primero la reconciliación de esa relación antes de volver a pedirle.

Entonces, ¿por qué nuestras oraciones no reciben la respuesta que esperábamos?

Tal vez sea porque necesitamos reparar una relación rota.

Razón # 2: un motivo equivocado

Tengo un historial de hacer oraciones egoístas. En la universidad, es posible que haya orado para que algunas chicas lindas que estaban lejos de Dios llegaran a la fe en Jesús. *Espera, eso no suena egoísta.* Lo es si tu motivación es poder salir con esas chicas. Me da vergüenza admitir que es verdad.

Me pregunto si a veces oras con motivos equivocados. (No sería raro que lo hicieras. Creo que casi todos oramos con motivos incorrectos al menos de vez en cuando).

Los fariseos lo hacían todo el tiempo. Vestían túnicas impresionantes y se paraban en las esquinas de las calles a recitar largas y elaboradas oraciones. Sus oraciones no eran para Dios, sino para ganar estatus y el aplauso de la gente. Jesús los expuso al decir: «Sino que hacen todas sus obras para ser vistos por los hombres» (Mt 23:5). Y también les dijo: «¡Ay de ustedes, escribas y fariseos, hipócritas que son semejantes a sepulcros blanqueados! Por fuera lucen hermosos, pero por dentro están llenos de huesos de muertos y de toda inmundicia. Así también ustedes, por fuera parecen justos a los hombres, pero por dentro están llenos de hipocresía y de iniquidad» (vv. 27-28).

Dudo que ores largas oraciones en una esquina vistiendo una túnica larga y amplia, pero creo que todos a veces le pedimos cosas a Dios con motivos equivocados, y esto puede afectar si él responde o no.

Santiago también habló de esto. Después de escribir: «Ustedes codician y no tienen» y «Son envidiosos y no pueden obtener» (Stg 4:2), continúa: «No tienen, porque no piden. Piden y no reciben, porque piden con malos propósitos, para *gastarlo* en sus placeres» (vv. 2-3).

La palabra «placeres» connota adulterio. Enseguida Santiago escribe «¡*Oh almas* adúlteras» (v. 4).

El pastor J. D. Greear lo explica de una forma que tiene sentido para mí:

Imagínate que un hombre le dice a su esposa: «Cuando nos casamos, prometiste satisfacer mis necesidades románticas... Y he decidido que necesito a tu amiga Katy para eso. ¿Podrías organizar una cita con ella por mí?».

Este hombre no recibirá una respuesta positiva a su petición. Oramos como adúlteros cuando pedimos algo a Dios para satisfacer una necesidad que deberíamos encontrar en él. Cuando necesito trabajo, salud, un cónyuge o una relación restaurada para ser feliz, Dios nos dice: ¿Por qué no encuentras tu felicidad en mí?[11]

No tiene sentido que Dios nos dé lo que queremos si eso nos impide reconocer lo que realmente necesitamos: a él. Tampoco tiene sentido que Dios responda a nuestras peticiones egoístas. Él quiere alejarnos del egoísmo y no promoverlo.

¿Por qué Dios no respondió como esperabas? Tal vez estés pidiendo con un motivo equivocado o tengas una relación rota que necesita ser sanada.

Razón # 3: falta de fe

¿Qué pasa si le pides a Dios algo, pero no crees realmente que pueda hacerlo?

En la Biblia, un padre tenía un hijo poseído por un espíritu maligno. El niño no podía hablar, echaba espuma por la boca y era sacudido violentamente. A veces el espíritu lo arrojaba al fuego. Desesperado, el padre acudió a los discípulos de Jesús: «Oigan, ustedes andan con Jesús y tienen poder. ¿Pueden expulsar a este demonio?». Los discípulos lo intentaron, pero no pudieron.

Jesús llegó, el padre le explicó la situación y pidió ayuda. «Muchas veces ese espíritu lo ha echado en el fuego y también en el agua para destruirlo. Pero si Tú puedes hacer algo, ten misericordia de nosotros y ayúdanos» (Mr 9:22). Jesús le respondió: «¿Cómo "si Tú puedes?". Todas las cosas son posibles para el que cree» (v. 23). «Al instante el padre del muchacho gritó y dijo: "Creo; ayúdame en mi incredulidad"» (v. 24).

Me encanta la honestidad de este hombre. Dice: «¡Sí, creo! Bueno, más o menos. Tengo fe, pero también dudas». Agradezco su sinceridad, porque a veces yo también siento que tengo fe, pero no la suficiente.

¿Te identificas con esto?

Jesús sanó al hijo del hombre y luego «los discípulos, llegándose a Jesús en privado dijeron: «¿Por qué nosotros no pudimos expulsarlo?"» (Mt 17:19). La respuesta de Jesús fue: «Por la poca fe de ustedes» (v. 20).

En cierto sentido, me resulta muy difícil de entender. Estos discípulos habían visto a Jesús hacer todo tipo de milagros, ¿cómo podían «tener tan poca fe»? Por otro lado, tiene sentido. De hecho, me identifico con eso, porque a veces mi fe también es pequeña y débil, a pesar de que he visto a Dios hacer cosas milagrosas.

Como mencioné antes, he visto a Dios sanar la ceguera. He sido testigo de personas con cáncer terminal en etapa cuatro que se han recuperado completamente, y también he presenciado cómo Dios ha provisto milagrosamente para las personas y les ha concedido sobriedad a los alcohólicos. Conozco a personas que todos consideraban pecadores sin esperanza y cínicos, pero que Dios transformó de manera radical.

A lo largo de mi vida, Dios ha respondido oración tras oración, pero hay una enfermedad terminal específica (que no mencionaré) por la que nunca ha dicho que sí a mi petición de sanidad. En siete u ocho ocasiones, durante treinta años, nos pidieron orar por alguien con esta enfermedad en particular.

En cada una de estas ocasiones oramos.

En cada una confiamos en Dios para ver la sanidad.

Y, en cada ocasión, terminamos asistiendo al funeral de esa persona.

Una vez, Amy y yo recibimos una llamada para orar por otra persona que tenía la misma enfermedad terminal. Nos pidieron que fuéramos a su casa a orar. Cuando llegamos la familia me preguntó: «Pastor Craig, ¿podría orar?». Hice una pausa, miré al hombre y respondí: «Creo que a Amy le encantaría orar».

Me da vergüenza admitirlo, pero aunque sabía que Dios podía sanar a ese hombre, en ese momento simplemente no tenía fe para orar.

Eso es un problema, porque nuestra fe sí le importa a Dios. No solo es la fe lo que nos hace justos ante él, sino que también «sin fe es imposible agradar *a* Dios» (He 11:6).

Acabamos de leer sobre un hombre que admitió que solo tenía un poco de fe. En Mateo 9, dos hombres ciegos clamaron a Jesús pidiendo que los sanara. Jesús les preguntó: «"¿Creen que puedo hacer esto?". "Sí, Señor", le respondieron. Entonces les tocó los ojos, diciendo: "Hágase en ustedes según su fe". Y se les abrieron los ojos» (Mt 9:28-30).

Jesús dijo: «Hágase en ustedes según su fe».

También sanó a una mujer que padecía una grave enfermedad desde hacía doce años. ¿Qué hizo que su oración desesperada fuera respondida? Jesús le dijo: «Tu fe te ha sanado» (Mr 5:34).

En otra ocasión, Jesús fue a su ciudad natal, pero la gente no creía en él porque lo recordaban cuando era niño. La Biblia dice: «No pudo hacer allí ningún milagro; solo sanó a unos pocos enfermos sobre los cuales puso Sus manos» (Mr 6:5). ¿Por qué solo a unos pocos? «Y no hizo muchos milagros allí a causa de la incredulidad de ellos» (Mt 13:58). De hecho, «Estaba maravillado de la incredulidad de ellos» (Mr 6:6).

Tu fe le importa a Dios.

Al mismo tiempo, debemos recordar que Dios siempre es Dios. Incluso cuando dudamos o no creemos, él sigue siendo Dios. No estoy promoviendo un

> **INCLUSO CUANDO DUDAMOS O NO CREEMOS, ÉL SIGUE SIENDO DIOS.**

evangelio de prosperidad que diga: «Si tienes suficiente fe, Dios tiene que hacer lo que tú quieres. Tiene que sanarte, bendecirte, o incluso hacerte rico, solo si tienes suficiente fe». No creo en eso, porque es una distorsión egoísta de lo que enseña la Biblia. Es un intento de controlar a Dios y poner nuestra fe en nosotros mismos en lugar de ponerla en Dios. Tener suficiente fe no fuerza la mano de Dios a hacer algo, y él no va a bendecir nuestro egoísmo.

Al mismo tiempo, entendemos que, debido a que nuestra fe es importante para Dios, debemos orar con fe.

Entonces, si oras y Dios no responde tu oración, es posible que tengas una relación rota, que necesitas examinar tus motivos, que sea momento de fortalecer tu fe o que Dios tenga una idea mejor.

Razón # 4: una idea mejor

¿Qué pasa si, en ocasiones, Dios no responde a tu oración porque tiene algo diferente en mente? ¿Y si tiene una idea mejor?

Me encanta la promesa que se nos da en 1 Juan 5:14-15: «Esta es la confianza que tenemos delante de Él, que si pedimos cualquier cosa conforme a

Su voluntad, Él nos oye. Y si sabemos que Él nos oye *en* cualquier cosa que pidamos, sabemos que tenemos las peticiones que le hemos hecho».

Puedes estar seguro de que Dios te escucha. Aunque, como confesé antes, a veces también puedes sentir que te ignora, pero no es así. Entonces, ¿por qué no hace lo que le pediste? Quizá él sabe algo que tú no sabes. Dios es soberano, omnisciente y omnipresente, ¿verdad? ¿Y si tiene una respuesta mejor que la que tú quieres? ¿Tal vez lo que tú valoras no sea tan importante como lo que él valora?

En la Biblia, leemos que el apóstol Pablo tenía lo que él llamaba una «espina en la carne» que lo «afligía» (2 Co 12:7). No sabemos exactamente qué era esa espina. Algunos piensan que era un problema en los ojos, ya que Pablo mencionó varias veces que no tenía buena vista. Otros suponen que podría haber sido malaria, migrañas o epilepsia. Como Pablo afirmó repetidamente que no era elocuente, algunos se preguntan si tenía algún impedimento para hablar. Otros piensan que tal vez se trataba de una persona malvada que le hacía la vida imposible. No sabemos cuál era esa espina, pero sí sabemos que Pablo oró para que Dios se la quitara. «Tres veces he rogado al Señor para que *lo* quitara de mí» (v. 8).

Puedo imaginarme a Pablo diciéndole a Dios: *Señor, ¿me quitarías esto? Sé que puedes. He visto que haces milagros para muchas personas. Dios, esto me está atormentando. Me está frenando. Por favor, quítame esto.*

Este es Pablo, quien se encontró con Cristo resucitado y predicó el evangelio fielmente durante treinta años, viajando de ciudad en ciudad por todo el Mediterráneo. Pablo, quien sirvió a Jesús con tanta dedicación que fue perseguido, golpeado, apedreado y encarcelado. Este es el mismo Pablo a quien Dios usó para sanar enfermos, expulsar demonios y resucitar muertos. El mismo que escribió una cuarta parte del Nuevo Testamento. *Este es el Pablo que estaba haciendo esta oración.*

Apuesto a que cuando oró para que Dios le quitara la espina, sus relaciones, en la medida en que dependían de él, eran saludables, y sus motivos eran puros. Sabemos que Pablo tenía una fe increíblemente fuerte. Sin embargo, Dios no le concedió lo que pidió: «Pero él me dijo: "Te basta Mi gracia, pues Mi poder se perfecciona en la debilidad". Por tanto, con muchísimo gusto me gloriaré más bien en mis debilidades, para que el poder de Cristo more en mí. Por eso me complazco en *las* debilidades, en insultos, en privaciones, en persecuciones y en angustias por amor a Cristo, porque cuando soy débil, entonces soy fuerte» (2 Co 12:9-10).

Pablo entendió que lo que él valoraba —estar libre de su espina atormentadora— no era tan valioso como lo que Dios valoraba: que Pablo experimentara la suficiencia de Dios en su debilidad y el poder de Dios en su fragilidad.

Entonces, ¿Pablo se enojó, renunció a su ministerio y se alejó, o comenzó el primer capítulo de un movimiento de deconstrucción? No. El hecho de no obtener lo que pidió cambió la perspectiva de Pablo. En lugar de lamentarse por sus debilidades, se jactaba y se alegraba en ellas. Si le preguntaras a Pablo, te diría que el hecho de que Dios no respondiera su oración fue lo mejor que pudo haber pasado. De hecho, habría orado para que Dios no le quitara la espina si hubiera sabido que esa era la voluntad de Dios.

Tim Keller lo dice de esta manera en su libro *La Oración*: «Dios nos dará lo que pedimos o nos dará lo que habríamos pedido si supiéramos todo lo que él sabe».[12]

¿Puedes mirar atrás y ver momentos en los que Dios no te dio lo que querías porque tenía algo mejor para ti?

Tal vez querías un trabajo específico, pero conseguiste uno que te gustó más.

Esperabas casarte con esa persona por la que creías estar loco, pero, años después, te alegras de no haberlo hecho.

Oraste para que tu hijo tuviera esa gran oportunidad, pero luego comprendiste que Dios tenía algo mejor planeado.

¿Qué pasa con lo que le estás pidiendo ahora?

Podría ser una nueva casa o un trabajo, tal vez un cónyuge, o que Dios quite de tu vida a una persona molesta. Tal vez, como Pablo, tengas una «espina» que le has estado pidiendo a Dios que te quite. Has orado tres veces. Bien, ¡más bien como 333 veces! ¡Pero aún no ha sucedido! No lo entiendes y esto te lleva a hacerte algunas preguntas legítimas, las cuales Dios agradece. Pero ¿es posible que no te esté dando lo que deseas porque quiere darte algo mejor? ¿O tal vez su elección del momento sea mucho mejor que la tuya? Quizá quiera que te des cuenta de que él es suficiente y que su gracia es todo lo que necesitas.

Eso es lo que Amy y yo descubrimos con la pérdida de su hermano David. Han pasado más de dos décadas desde que fue al cielo, y por eso podemos hablar de ello hoy sin el dolor extremo que soportamos en los primeros años.

David tenía una voz de cantante que parecía venir directamente del cielo. Si *American Idol* hubiera existido cuando él vivía, habría sido un fuerte contendiente. Como Dios usó a David para tocar a tantas personas a través de su guía en la adoración, su funeral estuvo lleno de familiares y amigos.

Mi pastor, Nick, y yo compartimos el honor de oficiar el servicio. Hacia el final, Paula, la esposa de David, habló sobre su fe. Luego, pregunté si alguien quería seguir a Jesús. Entonces, el tío de David y Amy, quien nunca había mostrado interés en Dios, por quien habíamos orado incansablemente durante años, puso su fe en Jesús. Su vida cambió por completo, tanto ahora como por la eternidad. Durante años, escuchamos una y otra vez historias de cómo la vida *y la muerte* de David transformaron tantas vidas.

Un día, mientras reflexionábamos sobre la pérdida en nuestra familia, le pregunté a Amy, con mucha ternura: «Teniendo en cuenta todas las vidas que cambiaron por la historia de David, ¿desharías todo si pudieras recuperarlo?». Sin dudarlo, la hermana que tanto lamentaba la muerte de su hermano respondió con firmeza: «No cambiaría nada. David está en el cielo. Lo volveremos a ver. Y algún día veremos a mucha más gente allí gracias a él».

Permanecí en silencio, en señal de acuerdo.

Cuando Dios no responde tu oración, aunque en ese momento no tenga sentido, es posible que simplemente tenga algo distinto en mente, como una idea mejor.

Quizá, algún día, comprenderás con gratitud que el hecho de que Dios no respondiera tu oración fue lo mejor que te pudo haber pasado.

¿Por qué molestarse?

A estas alturas, quizá te estés preguntando: ¿por qué molestarse?

Después de todo, como dije, orar puede ser algo complejo y confuso. Y ahora te he dicho que necesitas tener los motivos adecuados y la fe suficiente. Y, de todos modos, parece que Dios va a hacer lo que él quiera.

Entonces, ¿por qué orar?

La oración no se trata solo de obtener cosas de Dios; es más hermoso que eso. Orar es sobre la intimidad con un Dios que te conoce, te ama más de lo que puedas imaginar y que te invita a asociarte con él en su misión, ofreciéndote una aventura.

La oración no consiste en tratar de controlar a Dios, sino en permitirle tomar el control.

No oramos para forzar la mano de Dios; oramos para buscar su rostro.

Recuerda: el propósito de la oración no es lograr que Dios haga nuestra voluntad; es conocer a Dios para que podamos hacer su voluntad.

> **Ustedes, pues, oren de esta manera: «Padre nuestro que estás en los cielos, santificado sea Tu nombre. Venga Tu reino. Hágase Tu voluntad, así en la tierra como en el cielo».**
> **—Mateo 6:9-10**

EJERCICIO DEL CAPÍTULO 4

1. En una escala del 1 (nunca oras) al 10 (oras con frecuencia y crees que Dios escucha y responde), ¿cómo calificarías tu fe en la oración? Explica tu respuesta.

2. Al igual que mi esposa y yo al enfrentar la muerte de su hermano, ¿has tenido alguna experiencia difícil y confusa en la que Dios no respondió una oración de la manera que querías? Explica.

3. ¿Qué opinas sobre esta afirmación?: «El propósito de la oración no es lograr que Dios haga nuestra voluntad; el propósito de la oración es conocer a Dios para que podamos hacer su voluntad».

En las siguientes preguntas 4 a 10, analizaremos las razones presentadas anteriormente, así como las ofrecidas por la Biblia, acerca de por qué algunas oraciones quedan sin respuesta.

4. Considerando la «Razón n.º 1: una relación rota», ¿hay alguna relación que necesitas restaurar para realinear tu vida de oración?

5. Teniendo en cuenta la «Razón n.º 2: un motivo equivocado», ¿hay alguna oración egoísta que debas revisar y corregir?

6. Al considerar la «Razón n.º 3: falta de fe», ¿hay alguna situación en la que te falta fe o hayas dejado de esperar una respuesta a tu oración?

7. En la historia de Jesús en Marcos 9, ¿cómo te ayudaría o alentaría la respuesta del padre del niño: «Creo; ayúdame *en* mi incredulidad», en tu vida de oración?

8. Al considerar la «Razón n.º 4: una idea mejor», ¿alguna vez has experimentado (o estás experimentando) una «espina en la carne» en tu propia vida? Explica.

9. ¿Hay alguna oración que hayas hecho en el pasado y que ahora recuerdes con gratitud porque Dios no respondió de la manera que esperabas en ese momento? Explica.

10. ¿Hubo alguna conclusión importante o un punto de acción para ti acerca de la oración en este capítulo? Explica.

CAPÍTULO 5

¿Por qué Dios proporcionaría solo un camino?

«In» versus «Ex»

¿Qué no hay que admirar de Jesús?

¿No es así?

Él amó a todos.

Él mostró compasión por los heridos.

Él humilló a los líderes opresores.

Él compartió ideas poderosas sobre cómo vivir una vida mejor.

Él sirvió a los necesitados.

Él dio gracia a quienes estaban atrapados en el pecado.

Él defendió a las viudas pobres.

Proporcionó barriles de vino a los invitados sedientos de una boda y sándwiches de pescado a una gran multitud de personas que no habían comido y tenían hambre.

Entonces, ¿qué es lo que no me gusta de Jesús?

Bueno, ahí está todo el asunto exclusivo.

Nos gusta lo *inclusivo*.

In es mejor que *ex*.

Ex significa afuera, e *in* significa adentro. Y todos preferiríamos estar adentro que afuera.

Piénsalo: ¿Preferirías ser *invitado* o *exiliado*? ¿*Incluido* o *expulsado*? Y ni hablar de la posibilidad de ser, *exterminado* o *excomulgado*. Además, ¿alguien quisiera ser *extinguido*? No lo creo.

In es claramente mejor que *ex*. Entonces, ¿qué es lo que no me gusta de Jesús?

Es fácil obsesionarse con sus afirmaciones exclusivas, como estas:

- Jesús es el único camino a Dios.
- Jesús es el único camino para ser perdonado.
- Jesús es el camino exclusivo al cielo.

Espera. ¿Quién dice que Jesús es el único camino?
Él lo dijo.

La afirmación audaz

A lo largo de la historia, muchas personas han hecho afirmaciones audaces de «yo soy».

Muhammad Alí declaró: «Soy el más grande».

Michael Jordan afirmó: «Soy el mejor».

Popeye afirmó: «Soy lo que soy». (Técnicamente, era «Soy lo que doy»).

Luego estaba el personaje Groot en *Guardianes de la Galaxia*, que no dejaba de repetir: «Soy Groot».

Más recientemente, Billie Eilish cantó: «Pienso, luego soy», haciéndose eco del filósofo francés René Descartes, quien dijo algo similar hace unos cuatrocientos años.

¿Estás listo para la declaración «Yo soy» más audaz que jamás haya existido?

Jesús dijo: «Yo soy el camino, la verdad y la vida. Nadie viene al Padre sino por mí» (Jn 14:6).

¿*El* camino? No un camino. *Un* camino estaría bien. ¿Pero, *el* camino? ¿Como si nadie pudiera encontrar otra forma? *Eso* es exclusivo.

¿Y «la verdad» y «la vida»? ¿Qué significa eso? ¿Está Jesús sugiriendo que es el único estándar de la verdad? ¿La única fuente de vida?

Jesús agravó el asunto con la siguiente frase. ¿«Nadie» puede venir al Padre «sino por» él? A menudo oímos decir que hay muchos caminos hacia Dios; que personas de diferentes religiones pueden coexistir, ya que todos adoran al mismo Dios y que todos terminaremos en el mismo lugar.

A menudo escuchamos: «Todo está bien siempre que creas en algo». Esto es *infinitamente inclusivo* y suena *increíblemente* atractivo. Pero ¿qué Jesús *excluya* a todos de Dios a menos que vengan a través de él? Esto parece *extremadamente exclusivo* y *exigente*.

¿Alguna vez has dicho algo que en realidad no querías decir, solo porque estabas de un humor extraño? ¡Yo sí! Para que no pensemos que Jesús tal vez estaba pasando por uno de esos días en los que dijo: «Yo soy el camino, la verdad, la vida, nadie viene al Padre sin mí», debemos considerar otras afirmaciones audaces de Jesús en el libro de Juan:

- «Yo soy el pan de la vida; el que viene a Mí no tendrá hambre, y el que cree en Mí nunca tendrá sed» (Jn 6:35).
- «Yo soy la Luz del mundo; el que me sigue no andará en tinieblas, sino que tendrá la Luz de la vida» (Jn 8:12).
- «Soy el buen pastor. El buen pastor da su vida por las ovejas» (Jn 10:11).
- «Yo soy la resurrección y la vida; el que cree en Mí, aunque muera, vivirá, y todo el que vive y cree en Mí, no morirá jamás. ¿Crees esto?» (Jn 11:25-26).
- «Yo soy la vid, ustedes los sarmientos; el que permanece en Mí y Yo en él, ese da mucho fruto, porque separados de Mí nada pueden hacer» (Jn 15:5).

Como si estas declaraciones de «Yo soy» no fueran suficientes, Jesús también dijo: «Yo y el Padre somos uno» (Jn 10:30). Y observa estas palabras de Jesús: «El que ama al padre o a la madre más que a Mí, no es digno de Mí; y el que ama al hijo o a la hija más que a Mí, no es digno de Mí. Y el que no toma su cruz y sigue en pos de Mí, no es digno de Mí» (Mt 10:37-38).

¡Guau, Jesús! ¡¿Mi mamá?! ¿En serio, incluso la familia? Es decir, no quiero parecer blasfemo, pero ¿no crees que la gente prefiere un poco más de comprensión? ¿Por qué ser tan estricto?

He descubierto que las afirmaciones exclusivas de Jesús son una de las principales objeciones que la gente tiene sobre él. Aprecian su vida y su forma de amar, pero no están de acuerdo con lo que él afirmaba.

Cuando digo «la gente», me doy cuenta de que eso podría incluirte. Y si es así, lo entiendo. Puede que te cueste entender cómo un Dios amoroso podría ofrecer solo un camino para llegar a él y al cielo. Cuando oyes que alguien dice que todos los caminos llevan a Dios, suena compasivo, y tú también quieres ser compasivo. Después de todo, ¿no se supone que los seguidores de Jesús deben ser compasivos? Entonces, ¿no deberíamos adoptar una postura que ofrezca esperanza a más personas? ¿No resulta incomprensible que no seamos más inclusivos?

Y aquí hay otra palabra de moda: *inteligente*. Parece razonable pensar que muchas personas creyentes en todo el mundo tienen al menos algo de razón en sus creencias. Pero resulta *increíble* afirmar que un grupo relativamente pequeño de creyentes posea la verdad absoluta y que todos los demás estén equivocados. Y si esa es nuestra afirmación, y nos consideramos entre los pocos que tienen la razón, ¿no es eso arrogante? ¿Deberían los seguidores de Jesús ser arrogantes?

Tal vez por eso, a la gente no le molesta tanto la forma en que Jesús vivió o amó, pero sí tiene dudas sobre lo que él afirmó.

A todos les agrada Jesús, pero no exageremos.

Sin embargo, como seguidores de Jesús, ¿no se supone que deberíamos exagerar? Basta con leer el libro de los Hechos.

Creemos que Jesús es el camino, la verdad y la vida. Estamos convencidos de que él es el único camino a Dios y que quienes creen en él vivirán, aunque mueran.

Sin embargo, hay muchos «peros». Por ejemplo: «Sí, yo creo que...», pero:

- Solo mientras seas sincero.
- ¿Acaso no llevan todos los caminos al mismo Dios?

- ¿Acaso no es arrogante?
- ¿No es Dios injusto?

Hay algo que no esperaba escribir cuando empecé este libro: vamos a echar un vistazo a los «peros». Hablemos de esos peros.

Después de analizar todas las preguntas que acabamos de plantear, veamos si podemos encontrar respuestas que superen nuestras dudas y que, tal vez, nos den una fe más sólida e *integrada*, tanto a nivel intelectual como espiritual.

Pero solo mientras seas sincero

A la gente le gusta decir: «Lo que realmente importa no es lo que crees, sino la sinceridad de tu fe». Puedes creer lo que quieras, pero solo mientras seas sincero.

La gente suele hacer esta afirmación sobre lo más importante en sus vidas: la fe en la que confían para su salvación y destino eterno. Sin embargo, no aplicarían esta misma lógica a otras decisiones importantes. Déjame explicarte: Un amigo te dice: «He estado ahorrando dinero durante años. Tengo una buena cantidad en el banco y también para mi jubilación. Una cajera de Dollar Store me habló de una acción. Le pregunté a mi tío, que es corredor de bolsa, y me dijo que era una inversión horrible. Pero bueno, yo creo que si pongo todo mi dinero en ella, ¡me haré rico!». Lo miras a los ojos, y le dices: «¿Vas a invertirlo *todo*? Creo que deberías hacerlo. Mientras tu fe en las acciones sea sincera, será una gran inversión». ¡Por supuesto que no!

Tu amigo te confía: «Necesito operarme, y mi conductor de Uber del otro día me dijo que podía hacerlo por mí. No es médico y nunca ha operado, ¡pero creo que puede hacerlo!». Tú le sonríes y le dices: «Bueno, ¡siempre y cuando creas sinceramente que él puede!». Mmm... No.

¿Recuerdas la última vez que fuiste sincero, pero te equivocaste? ¿La última vez que estabas sinceramente equivocado?

Lo que importa no es la sinceridad de tu fe, sino la fiabilidad de aquello en lo que pones tu fe.

Aquí va otro ejemplo: tú y un amigo están al borde de un estanque congelado. Estás seguro de que el hielo es lo suficientemente grueso como para sostener tu peso si caminas sobre él, pero tu amigo no lo está. En ese momento, alguien se acerca, escucha la situación y dice: «Lo que importa es la sinceridad de tu fe. Si realmente crees que el hielo es lo bastante fuerte, te sostendrá». Luego, la persona se vuelve hacia tu amigo y le dice: «Y si no lo crees sinceramente, no te sostendrá».

LO QUE IMPORTA NO ES LA SINCERIDAD DE TU FE, SINO LA FIABILIDAD DE AQUELLO EN LO QUE PONES TU FE.

Esa persona está equivocada. Completamente equivocada.

Si el hielo es lo suficientemente grueso, te sostendrá, ya sea con tu fe segura o con la fe incierta de tu amigo. Pero si el hielo no es lo suficientemente grueso, ambos caerán, ¡a pesar de tu fe sincera!

La cuestión no es si tu fe es sincera, sino si el objeto de tu fe es confiable.

Todos ponemos nuestra fe en algo. Te animo a que la pongas en algo lo suficientemente fuerte como para sostenerte.

¿Pero acaso no conducen todos los caminos al mismo Dios?

Seguramente has oído eso muchas veces: que todos los caminos conducen al mismo Dios, que todos son igualmente válidos y enseñan básicamente lo mismo.

Es un sentimiento agradable querer que todos se lleven bien. Eso suena bien, ¿cierto?

He descubierto que la mayoría de las religiones del mundo contienen algo bueno. Sin embargo, no enseñan lo mismo. Por lo tanto, la afirmación de que todas conducen al mismo Dios no es cierta. ¿Cómo puede ser esto posible? Déjame explicar.

Todas las religiones tienen el mismo derecho a ser protegidas, y deberían estarlo. Todos tienen el derecho a creer lo que quieran. Nadie debería impedir a otros creer lo que desean ni obligarlos a creer o hacer algo en contra de sus creencias.

Aunque todas las religiones estén protegidas por igual, eso no significa que sean igualmente válidas. Quien afirme lo contrario no ha estudiado seriamente las religiones del mundo. Puede haber algunas similitudes entre ellas, pero en esencia son muy diferentes. Si todos adoramos al mismo Dios y simplemente tomamos caminos distintos para llegar a él, entonces ese Dios estaría mintiendo o sería esquizofrénico.

Déjame mostrarte algunos ejemplos:

El cristianismo enseña que hay un solo Dios y que es un Dios personal.

El budismo enseña que no hay ningún Dios.

El hinduismo enseña que hay miles (o incluso millones) de dioses.

El Islam afirma que Dios le dijo a Mahoma que los creyentes deben hacer una peregrinación a La Meca para adorar.

El cristianismo enseña que Jesús dijo que no importa dónde se adore.

El cristianismo permite comer carne.

El hinduismo enseña que comer carne es inmoral.

El budismo enseña que, después de morir, uno se reencarna y vive otra vida en la Tierra.

El cristianismo enseña que se vive una sola vida, pero Dios invita a seguir viviendo con él para siempre en el cielo.

Las creencias de la Nueva Era dicen que no existe un Dios personal y que todo está conectado como parte de un todo universal. Nuestro objetivo es alcanzar una conciencia superior para transformarnos a nosotros mismos.

El cristianismo enseña que hay un Dios personal que nos ama y que envió a su Hijo para sacrificarse por nosotros. Nuestro objetivo debe ser conocer, amar, adorar y glorificar a Dios, quien realiza su transformación en nosotros.

¿Parece que todas las religiones enseñan básicamente lo mismo?

Si tu respuesta es «no», entonces es imposible que todas las religiones tengan razón. ¿Y cómo podría el mismo Dios enseñar ideas tan contradictorias?

Entonces, ¿todas las religiones son básicamente iguales? No.

¿Igualmente protegidas? Sí.

¿Igualmente válidas? No.

¿Existen diferencias importantes entre ellas? Sí.

¿Conducen todas al mismo Dios? No.

¿Por qué?

Porque el mismo Dios no podría estar diciéndonos cosas tan contradictorias.

¿Puede alguien elegir en qué religión creer? Por supuesto.

Pero, aunque no nos guste, la verdad es que hay mucha gente que tienen su fe puesta en el lugar equivocado.

¿Pero acaso no es arrogante?

Esa última frase, «La verdad es que hay mucha gente que tienen su fe puesta en el lugar equivocado», podría sonar un poco presumida. Ese es uno de los problemas que algunos tienen con la afirmación de los cristianos de que su camino es el único. ¿Te hace sentir incómodo? ¿No es arrogante y falto de amor pensar que uno tiene la razón y que todos los demás están equivocados?

No.

No es arrogante ni intolerante decir que crees que algo es cierto, incluso si es exclusivamente cierto.

Decir «2 + 2 = 4 y no es igual a nada más» no es arrogante ni intolerante. Simplemente es cierto. Lo es.

Y si digo: «Creo que Jesús es el único camino a Dios», eso tampoco es arrogante ni intolerante, porque lo creo cierto.

Ahora bien, cualquiera puede creer o decir que algo es cierto y ser arrogante al respecto, lo cual está mal. Está mal ser arrogante. La lamentable realidad es que hay personas de todas las religiones que son arrogantes acerca de lo que creen. Algunos incluso creen que si no piensas como ellos, mereces morir. ¡Eso sí es arrogancia!

La arrogancia no hace que lo que uno cree sea verdadero o falso, pero está mal ser arrogante. La Biblia dice que Dios aborrece el orgullo y resiste a los soberbios (Pr 8:13; 1 P 5:5). Por lo tanto, si un cristiano es arrogante acerca de lo que cree, eso *es* un problema ante Dios.

Pero no es arrogante ni intolerante afirmar que Jesús es el único camino al cielo.

Piénsalo de esta manera: no sería arrogante ni intolerante decirles a todos que encontraste la cura para el cáncer. De hecho, sería un acto de amor compartirlo. Y si descubrieras la única cura para el cáncer, pero no se lo contaras a nadie por miedo de parecer exclusivo, eso no sería amoroso; sería cruel.

De la misma forma, el amor debería ser la única motivación para que los cristianos compartan su creencia de que Jesús es el único camino a Dios y al cielo.

La pregunta no es si un cristiano es arrogante al decir que Jesús es el único camino, sino si esta afirmación es verdadera. ¿Es cierto lo que cree?

La afirmación del cristianismo de que Jesús es el único camino no se basa en la arrogancia, sino en la evidencia objetiva.

Lo interesante es que casi todas las religiones dicen ser el único camino. El cristianismo no es la única en hacer esa afirmación. De hecho, cada religión afirma tener exclusivamente la verdad.

Entonces, si todas dicen que son el camino correcto, ¿qué haces? ¿Sigues la religión que te enseñaron tus padres? ¿O te unes a la que cree la mayoría de las personas en tu cultura?

No.

LA AFIRMACIÓN DEL CRISTIANISMO DE QUE JESÚS ES EL ÚNICO CAMINO NO SE BASA EN LA ARROGANCIA, SINO EN LA EVIDENCIA OBJETIVA.

Porque es *tu* fe. Reconoces que esta es la pregunta más grande e importante de la vida, y la tomas en serio. Muy en serio. Haz las preguntas difíciles. Profundiza. Examina si Jesús es realmente quien dice ser. Decide por ti mismo lo que crees sobre quien hizo todas las declaraciones de «Yo soy». Pregunta si su verdad tiene el poder de cambiar vidas. Si te preguntas si puedes descubrir objetivamente la verdad eterna, la respuesta es sí, puedes hacerlo.

Esta es otra diferencia clave entre el cristianismo y las otras religiones del mundo. Estúdialas y te darás cuenta de que la mayoría se basan en una filosofía enseñada por una persona. Por lo tanto, no existe forma de comprobar si están bien o mal. ¿Deberías creer lo que enseñó Mahoma? ¿O lo que enseñó Buda? Si quieres, puedes hacerlo. Pero no hay forma de demostrar que sus enseñanzas sean verdaderas, ya que se basan en sus propias ideas sobre Dios.

Ahí es donde el cristianismo se diferencia en al menos cuatro aspectos importantes:

- La experiencia de la gracia
- La evidencia de acontecimientos históricos
- Las enseñanzas de Jesús
- La resurrección de Jesús

El cristianismo invita a ser investigado. Puedes investigar el pasado y descubrir si los eventos descritos en la Biblia realmente ocurrieron. Jesús dijo que moriría y que resucitaría al tercer día (Mt 16:21-23; 17:22-23; 20:17-19). Y así fue: murió y, tres días después, salió vivo del sepulcro. En esto se basa la fe cristiana.

El cristianismo no solo está centrado en las enseñanzas de Jesús, sino que se basa en su resurrección.

Pablo escribe que este es el «evangelio» por el cual «son salvos» (1 Co 15:2). ¿Cuál es ese evangelio? Este: «Que Cristo murió por nuestros pecados, conforme a las Escrituras; que fue sepultado y que resucitó al tercer día, conforme a las Escrituras» (1 Co 15:3-4).

La verdad del evangelio se basa en la resurrección, como enseñó Pablo: «Y si Cristo no ha resucitado, vana es nuestra predicación, vana es entonces nuestra predicación, y vana también la fe de ustedes.. Más aún, se nos descubre que somos falsos testigos acerca de Dios, porque hemos testificado acerca de Dios que resucitó a Cristo de entre los muertos [...] y si Cristo no ha resucitado, la fe de ustedes es falsa; todavía están en sus pecados. Entonces también los que han dormido en Cristo están perdidos. Si hemos esperado en Cristo para esta vida solamente, somos, de todos los hombres, los más dignos de lástima» (1 Co 15:14-15, 17-19).

Pablo estaba explicando que creemos, no porque simplemente tengamos fe en las enseñanzas y la filosofía de Jesús, sino porque Jesús demostró que era quien decía ser al vencer a la muerte. Si Jesús no resucitó de entre los muertos, entonces todo lo que creemos es discutible. Pero, si efectivamente resucitó, eso demuestra que es digno de confianza y, por lo tanto, debemos poner nuestra fe en él.

Como dice Tim Keller: «Si Jesús resucitó de entre los muertos, entonces tienes que aceptar todo lo que dijo; si no resucitó de entre los muertos, ¿por qué preocuparse por lo que dijo? La cuestión de la que depende todo no es si te gustan o no sus enseñanzas, sino si resucitó o no de entre los muertos».[13]

Lo bueno es que *puedes* demostrar que Jesús resucitó de entre los muertos. Personas sumamente inteligentes han intentado refutar la resurrección, solo para concluir que Jesús realmente salió vivo del sepulcro, tal como lo había prometido. Y, debido a esa evidencia, él realmente es el único camino a Dios.[14]

Dios proporcionó un camino en Jesús. Los cristianos creen esto no por arrogancia, sino por evidencia.

¿Pero no es Dios injusto?

Si te resulta difícil aceptar que todas las personas deban encontrar un solo camino para llegar a Dios, es posible que también te estés haciendo una pregunta más amplia: «Si esto es cierto, ¿no es Dios injusto?».

Sin embargo, creo que esta pregunta está mal planteada.

Déjame explicarte.

Supongamos que todo esto es cierto:

- Dios es amor, por eso creó a las personas para que lo amaran y tuvieran una relación con él.
- Cada persona se rebeló contra Dios, eligiendo el egoísmo y el pecado en lugar del amor y la santidad.
- En respuesta, Dios envió a su Hijo desde cielo, no para condenar a las personas como merecían, sino para salvarlas.

- La gente rechazó al Hijo de Dios, se burló de él, lo torturó y lo mató.
- Aún así, Dios, en lugar de matar a las personas como merecían, aceptó el sacrificio de su Hijo como pago por los pecados de quienes fueron responsables de su muerte.

Si esto es lo que Dios ha hecho (y esto *es* lo que Dios hizo), ¿podrías mirarlo a los ojos y decirle: «¿Eso no es justo? ¿No has hecho lo suficiente?». No lo creo.

La pregunta correcta no es: «¿Por qué hay solo un camino?», sino: «¿Por qué Dios proporcionó un camino?».

> **LA PREGUNTA CORRECTA NO ES: "¿POR QUÉ HAY SOLO UN CAMINO?" SINO: "¿POR QUÉ DIOS PROPORCIONÓ UN CAMINO?".**

Esa es la pregunta que me cuesta responder.

En lugar de centrarnos en la afirmación de Jesús de ser el único camino, tal vez deberíamos cambiar nuestra perspectiva y agradecer que él haya proporcionado un camino.

Sé que la respuesta está contenida en su amor insondable. «Pero Dios demuestra su amor para con nosotros, en que siendo aún pecadores, Cristo murió por nosotros» (Ro 5:8).

Jesús murió por nosotros porque era el único camino. La única manera de ser salvos era que Jesús tomara nuestro pecado y muriera en nuestro lugar en la cruz. Dios te ama tanto que estuvo dispuesto a permitir que su Hijo hiciera esto. Jesús te ama tanto que prefirió morir antes que vivir sin ti, y así lo hizo.

Y eso resalta la mayor diferencia entre el cristianismo y las otras religiones, lo que podría llamarse la distinción «hacer» frente a «hizo». Quienes han estudiado cuidadosamente las religiones del mundo señalan que todas, menos una, se pueden resumir con la palabra H-A-C-E-R.

En las religiones del mundo las personas deben hacer algo para ganarse de alguna forma el favor de Dios: hacer una peregrinación, dar limosna a los pobres, seguir una dieta estricta, hacer buenas obras, cantar o entonar las palabras correctas, usar una rueda de oración tibetana, o pasar por varias reencarnaciones para mejorar tu karma. En otras palabras, te esfuerzas por acercarte a Dios y ganarte su favor. Se trata de lo que haces por él.

En cambio, el cristianismo se puede resumir con la palabra H-I-Z-O. No se basa en lo que hacemos nosotros, sino en lo que Jesús ya hizo por nosotros en la cruz. La Biblia enseña que todos nos hemos rebelado contra Dios, pero él nos ama de todos modos. Entonces, Jesús descendió del cielo y murió en la cruz como nuestro sustituto, ofreciéndonos el perdón de nuestros pecados, una relación con Dios y la vida eterna en el cielo. El cristianismo consiste en que Dios se acerca a nosotros y nos ofrece su favor inmerecido. Consiste en lo que él ha hecho por nosotros (Ro 5:8-11).

De los cuatro aspectos del cristianismo que compartí anteriormente, el primero en la lista fue la gracia, que es exclusiva del cristianismo. Esa gracia cambió mi vida.

Si alguien sigue insistiendo que Dios no es justo, puede que, en cierto sentido tenga razón. ¿Que quiero decir?

He hecho muchas cosas malas: he mentido, codiciado, engañado, chismorreado, odiado, maldecido, envidiado, alardeado, juzgado, sido egoísta y arrogante, me he emborrachado y lastimado a personas. Según mis acciones, ¿qué merezco? La muerte espiritual.

Por eso, si dices que Dios no es justo, puede que tengas razón. Porque si él fuera justo, yo habría recibido lo que merecían mis pecados. Pero Jesús pagó el precio para que yo pudiera ser perdonado, redimido y liberado.

Eso se llama gracia.

¿Por qué hizo esto por mí? ¿Por qué lo haría por ti?

Porque él es amor. Así de simple.

El amor no es solo lo que él siente por ti.

El amor no es solo lo que él hace.

El amor es lo que él es.

En el fondo, ¿no es eso lo que realmente deseas? ¿Experimentar el amor perfecto e incondicional?

¿No es posible que la razón por la que has anhelado el amor toda tu vida sea porque Dios te creó para el amor?

Él te hizo por su amor y para el amor.

Y si él nos dio un camino, aunque sea uno solo, para experimentar y tener ese amor, yo digo que deberíamos aceptarlo.

> **Con Cristo he sido crucificado, y ya no soy yo el que vive, sino que Cristo vive en mí; y la *vida* que ahora vivo en la carne, la vivo por la fe en el Hijo de Dios, el cual me amó y se entregó a sí mismo por mí.**
>
> **—Gálatas 2:20**

EJERCICIO DEL CAPÍTULO 5

1. ¿Qué piensas sobre la insistencia de nuestra cultura en la inclusión y los problemas de exclusión en el cristianismo?

2. ¿Has tenido (o tienes) dificultades con las afirmaciones de «Yo soy» que hizo Jesús? Explica.

3. ¿Qué opinas de la sección «Pero solo mientras seas sincero»? ¿Alguna vez has experimentado esta mentalidad?

4. Considera la sección «¿Pero acaso no conducen todos los caminos al mismo Dios?». ¿Por qué crees que esta creencia se ha vuelto más común hoy en día?

5. ¿Hasta qué punto eras consciente de las diferencias entre el cristianismo y otras religiones importantes del mundo? ¿Cómo afectó esta sección tu comprensión de la afirmación de Jesús de ser el único camino?

6. ¿Alguna vez has tenido problemas con la arrogancia religiosa, o la has experimentado en otros?

7. ¿Por qué la resurrección marca una diferencia crucial entre el cristianismo y otras religiones del mundo?

8. En la sección «¿Pero no es Dios injusto?», ¿te ayudó alguno de los puntos a comprender mejor el Evangelio? Explica.

9. ¿Cuáles son las diferencias entre una religión H-A-C-E-R y una religión H-I-Z-O? ¿Cuál versión prefieres y por qué?

10. Considera la afirmación: «La pregunta correcta no es "¿Por qué hay un solo camino?" sino "¿Por qué Dios proporcionó un camino?"». ¿Cómo podría este pensamiento afectar tu fe y motivarte a compartirla?

CAPÍTULO 6

¿Por qué creer en Jesús cuando sus seguidores son tan hipócritas?

No culpo a Chloe ni a Grant. Ambos eran cristianos firmes. Leían sus Biblias con fidelidad, adoraban apasionadamente en la iglesia y servían con alegría, ayudando a otros a conocer el amor de Jesús. Hoy, trágicamente, no saben en qué creer. Chloe me dijo que quiere creer en Dios, pero no sabe si puede hacerlo después de lo que sucedió. Grant, por otro lado, cree en una forma de espiritualidad, pero ciertamente no en el cristianismo.

¿Por qué estos dos seguidores de Jesús, que antes estaban comprometidos, ahora están tan lejos de Dios? Como tantos otros, fueron heridos y desilusionados por algunos cristianos.

En el caso de Chloe, fue su pastor de jóvenes. Su iglesia lo contrató cuando ella recién comenzaba su séptimo grado en la escuela. Como la mayoría de los preadolescentes, Chloe tuvo dificultades por encajar. Llevaba los zapatos apropiados, escuchaba la música correcta, seguía a las personas indicadas en TikTok y mantenía rachas de Snapchat con tres de las chicas más populares de su clase. Pero, a pesar de tantas cosas que parecían adecuadas, Chloe luchaba contra una ansiedad persistente y una depresión severa. Cuando se sinceró con su pastor de jóvenes sobre su problema de autolesión, él la escuchó sin ningún tipo de juicio. Ella se sintió comprendida, aceptada y amada.

Aunque Dios tenía la intención de que el pastor de jóvenes de Chloe cambiara su vida, las fuerzas de la oscuridad terminaron usándolo para herirla más de lo que jamás imaginó posible. Él cruzó una línea que nadie jamás debería haber cruzado. Lo que comenzó como una aceptación sincera y adecuada se transformó en un contacto peligroso e inapropiado. Primero fueron abrazos prolongados. Luego los masajes en la espalda, luego las piernas. Y luego... ya te haces una idea.

Chloe me dijo que «sabe» que ya no puede confiar en los hombres y está bastante segura de que tampoco puede confiar en Dios. Porque, después de todo, ¿no fue él quien permitió que su pastor de jóvenes se aprovechara de ella?

El problema para Grant fue su padre, que también era su héroe. Tuvo éxito en los negocios, fue un padre comprometido y sólido en su fe en Jesús. Todos los domingos llevaba a la familia a la iglesia. Esa coherencia espiritual le dio a Grant una profunda sensación de seguridad. No importaba lo que le estuviera pasando en la vida, su padre sabía qué decirle para mejorar las cosas.

Sin embargo, algo empezó a cambiar poco a poco cuando Grant se hizo adolescente. Comenzó a notar algunas inconsistencias en su padre. Lo que alguna vez pareció espiritualmente útil comenzó a volverse limitado y, en ocasiones, duro. La situación empeoró cuando su padre descubrió que Grant había visto tres veces pornografía en su teléfono. Su padre explotó contra él en lo que parecía una ira irracional. Avergonzado por su fracaso, Grant aceptó el castigo lo mejor que pudo.

Pero dos semanas después, el oscuro secreto de su padre salió a la luz. Para sorpresa de todos, el padre de Grant había estado engañando a su esposa acostándose con hombres durante varios años. Con muchos hombres diferentes.

«Lo odio», me dijo Grant, luchando por contener las lágrimas. «Lo odio con todo mi corazón. Mi "piadoso" padre», dijo, sus palabras destilando sarcasmo, «decía que estaba comprometido con Jesús y con mi madre, pero solo estaba comprometido consigo mismo. Toda su vida fue una mentira».

Tanto Chloe como Grant habían amado a Dios con todo su corazón. Ahora estaban resentidos con él.

Al final, culpan a Dios por lo que hicieron los mismos líderes que, en apariencia, eran de confianza y supuestamente debían protegerlos.

¿Falsa publicidad?

Habiendo existido desde los años treinta, Snap, Crackle y Pop, los tres adorables personajes de la caja de Rice Krispies, siempre parecieron ser de confianza. Cuando era niño, Rice Krispies era uno de mis cereales favoritos, junto con Cocoa Krispies, Frosted Flakes, Apple Jacks y Honey Nut Cheerios. Los comía felizmente, sin preguntarme: «*¿Quiénes son exactamente esos tres hombrecitos sonrientes?*». Supongo que eran onomatopeyas y duendes a partes iguales. ¿Cocineros? ¿Hermanos? ¿Una banda de chicos? ¿Primos de los siete enanos? De acuerdo, lo admito, no sabemos mucho de ellos, pero sin duda parecían ser dignos de nuestra confianza.

¿O no?

Pues, parece que no.

En 2010, Rice Krispies fue acusado de engañar a los consumidores. Snap, Crackle, y Pop afirmaban en sus cajas que su crujiente cereal poseía propiedades que mejoraba la inmunidad de los niños, ya que contenía «un 25 % del valor diario de antioxidantes y nutrientes: vitaminas A, B, C y E». Esto suena fantástico, ¿no? Pero en realidad, no era cierto.[15]

Como era de esperarse, aparecieron demandas.

Los jefes de Snap, Crackle y Pop contrataron abogados de alto nivel y resolvieron el caso extrajudicialmente en 2011, pagando 2,5 millones de dólares a quienes creyeron en esa mentira.

Supongamos que eres amigo de los señores Snap, Crackle y Pop. ¿Te sentirías defraudado?

Supongo que la falsa publicidad de Kellogg's no te arruinó la vida. Claro, mintieron, pero al final del día, solo se trata de cereales para el desayuno, ¿verdad?

Pero ¿qué pasa cuando la publicidad engañosa tiene que ver con Dios?

Puede parecer extraño, pero ¿no es verdad que los seguidores de Jesús funcionan como su departamento de marketing? ¿Son una especie de publicidad andante? Al fin y al cabo, la publicidad es la forma de dar a conocer a la gente lo que ofreces y persuadirla de que se interese, ¿no es eso lo que se supone que son los cristianos para Jesús?

Todo cristiano está llamado a ser una luz brillante que muestre al mundo el amor de Jesús (Mt 5:14-16).

Jesús dijo: «que se amen los unos a los otros; que como Yo los he amado, así también se amen los unos a los otros. En esto conocerán todos que son Mis discípulos, si se tienen amor los unos a los otros» (Jn 13:34-35).

En Tito 2 (NTV), Pablo implora a los cristianos a «ejercitar el control propio, a ser dignos de respeto y a vivir sabiamente, a tener una fe sólida y estar llenos de amor y paciencia» (v. 2) y a no «calumniar a nadie ni emborracharse» (v. 3) y «vivir sabiamente» y a «ser puros», «hacer el bien» (v. 5). ¿Por qué? «Así nadie podrá criticar el mensaje de la palabra de Dios» (v. 5) y así nadie tendrá «nada malo que decir de nosotros» (v. 8). ¿Cuál es el objetivo? «Que la enseñanza acerca de Dios nuestro Salvador sea atractiva en todos los sentidos» (v. 10).

Eso suena mucho a publicidad.

Y ahí radica el problema.

Muchas personas tienen dudas espirituales, no por Jesús, sino por sus seguidores. En vez de mostrar a Dios como realmente es —lleno de amor incondicional, gracia infinita y verdad liberadora que da vida—, algunos cristianos hacen que Dios parezca rígido, duro, crítico e indigno de confianza.

En lugar de ser conocidos por el amor, como Jesús mandó, sus seguidores a veces son más conocidos por lo que odian, por lo que desaprueban, y por ser excluyentes, hipercríticos y antagonistas.

1. Jesús nos mandó amar a nuestros enemigos (Mt 5:44), pero hoy en día muchos que dicen ser sus seguidores atacan con dureza a sus enemigos en las redes sociales.
2. Jesús enseñó que debemos ser pacificadores (Mt 5:9), pero algunos cristianos gritan palabras llenas de odio en sus protestas y manifestaciones.

3. Jesús dijo que solo los que estén libres de pecado pueden tirar una piedra, haciendo que las personas que querían castigar a una mujer culpable soltaran sus piedras (Jn 8:1-11), pero hoy en día, los cristianos toman «piedras» rápidamente y se las tiran a los culpables, e incluso a los inocentes.

Esto me recuerda una historia que Jesús contó en Mateo 13 conocida como la parábola de la cizaña. Dijo que un hombre sembró buenas semillas en su campo, pero esa noche vino su enemigo y sembró cizaña entre su trigo. Cuando empezó a crecer la cosecha, todos se dieron cuenta del problema, pero el hombre supo inmediatamente lo que había pasado. Preguntándose qué hacer, sus siervos le dijeron: «¿Quiere, usted, que vayamos y la recojamos?». Pero él dijo: "No, no sea que al recoger la cizaña, arranquen el trigo junto con ella. Dejen que ambos crezcan juntos hasta la cosecha; y al tiempo de la cosecha diré a los segadores: 'Recojan primero la cizaña y átenla en manojos para quemarla, pero el trigo recójanlo en mi granero'"» (Mt 13:28-30).

Hoy en día, aún hay trigo y cizaña creciendo en el mismo campo. Pero como siervos de Dios, no determinamos el resultado. Se supone que simplemente debemos cuidar la cosecha. Solo Dios, el dueño del campo, tiene la última palabra. Mientras tanto, Dios nos ama a todos con un amor eterno y atrae a la gente hacia él con su bondad inagotable.

Trágicamente, demasiadas personas pueden nombrar una lista de cristianos hipócritas que hacen que Dios parezca poco atractivo, e incluso repulsivo, en lugar de representar con precisión a nuestro Salvador y hacerlo deseable, tal como Pablo exhortó.

Estos son algunos ejemplos comunes:

- La chica universitaria que publica versículos de la Biblia sin parar en Instagram durante la semana, pero sale de fiesta todo el fin de semana.
- El jefe que habla de «poner a Jesús primero», pero trata a sus empleados de manera irrespetuosa.
- El padre que avergüenza a su hija por vestirse de manera inapropiada, pero mira pornografía cuando su familia duerme por la noche.

- El político que pregona «valores piadosos», pero no tiene compasión por «los más marginados», las mismas personas a las que Jesús nos pidió servir y proteger.
- El líder espiritual al que todos admiraban, hasta que salió a la luz que no vivía la vida que él mismo decía que todos deberíamos vivir.

Brennan Manning hizo una observación perspicaz: «La mayor causa de ateísmo en el mundo de hoy son los cristianos que reconocen a Jesús con sus labios, pero luego salen por la puerta y lo niegan con su estilo de vida. Eso es lo que un mundo incrédulo encuentra simplemente increíble».[16]

Los hipócritas juegan un papel

Tal vez te hayas sentido confundido, herido, decepcionado o desilusionado por seguidores de Jesús que no parecen reflejarlo en su comportamiento.

Si es así, no estás solo.

A Jesús tampoco le gustaba que la gente dijera una cosa e hiciera otra.

De hecho, le molestaba bastante.

Si revisas los Evangelios, notarás que Jesús nunca habló más duramente de nadie que de aquellos a quienes llamó «hipócritas». Por ejemplo, en Mateo 23, Jesús reprende siete veces a los fariseos, los líderes religiosos que decían vivir en santidad, pero que en realidad eran hombres muy egocéntricos y «jactanciosos». En una de esas represiones les dijo: «¡Ay de ustedes, escribas y fariseos, hipócritas que son semejantes a sepulcros blanqueados! Por fuera lucen hermosos, pero por dentro están llenos de huesos de muertos y de toda inmundicia. Así también ustedes, por fuera parecen justos a los hombres, pero por dentro están llenos de hipocresía y de iniquidad» (Mt 23:27-28).

Jesús los llamó «hipócritas». Esta palabra aparece diecisiete veces en los Evangelios y, en cada ocasión, es Jesús quien la pronuncia para describir a quienes «dicen y no hacen [...] hacen todas sus obras para ser vistos por los hombres» (Mt 23:3, 5).

¿Quieres saber algo interesante? Antes de que Jesús la utilizara, la palabra «hipócrita» se usaba exclusivamente para referirse a los actores, quienes, en aquel entonces, llevaban máscaras en el escenario, ya que un mismo actor interpretaba varios papeles distintos. Para cada personaje, usaba una máscara diferente. Así que hipócrita significa «el que lleva una máscara».

Jesús fue el primero en usar la palabra fuera del ámbito teatral; al aplicarla a los fariseos, los acusó de llevar máscaras y de fingir ser algo que no eran.

¿Y qué les dijo Jesús?

Ay. Ay. Ay. Ay. Ay. Ay. Ay.

Ay de ustedes. Jesús tenía una política de tolerancia cero para los hipócritas.

Jesús los estaba confrontando por su espectáculo. Él ya sabía que, al igual que cualquier otro ser humano, eran pecadores. El problema que estaba abordando era su constante intento de encubrirlo. Presentaban un exterior falso, manipulando las impresiones de los demás. Para Jesús, su engaño era lo que hacía que los fariseos fueran hipócritas.

Jesús no decía cosas como:

- «Ay de ustedes que maldicen cuando tropiezan con una piedra».
- «Ay de ustedes que chismean sobre los romanos».
- «Ay de ustedes que manejan por encima del límite de velocidad».

Jesús tiene gracia infinita para un pecador que busca perdón, pero no tolera la hipocresía.

> **JESÚS TIENE GRACIA INFINITA PARA UN PECADOR QUE BUSCA PERDÓN, PERO NO TOLERA LA HIPOCRESÍA.**

Jesús les dijo: «*¡Ay de ustedes, hipócritas, que hacen lo malo pero actúan como si no lo hicieran!*». Luego, por si alguien tenía alguna duda de lo que pensaba, Jesús les dijo: «¡Serpientes! ¡Camada de víboras! ¿Cómo escaparán del juicio del infierno?» (Mt 23:33).

Repítelo: ¡Guau!

Vamos, Jesús, cuéntanos cómo te sientes realmente.

Si alguna vez te has sentido frustrado, decepcionado o asqueado por cristianos que dicen una cosa y hacen otra, Jesús entiende tu sentir. De hecho, condenó la hipocresía de manera contundente. Sin embargo, hoy en día muchas personas que dicen seguirlo podrían ser descritas como hipócritas. Así que esto plantea una pregunta: ¿Por qué tantos cristianos se equivocan?

Permíteme ofrecerte tres razones.

No son realmente cristianos

En primer lugar, algunos de los que dicen seguir a Cristo no son realmente cristianos. Estas personas pueden ser miembros de la iglesia, llevar una Biblia y tener el símbolo de un pez en el parachoques de su auto, pero nunca han puesto verdaderamente su fe en Jesús ni han sido perdonados o transformados por él. Así se describe en Tito 1:16: «Profesan conocer a Dios, pero con sus hechos lo niegan».

Solo para aclarar:

- Ir a la iglesia no te hace cristiano. Seguir a Jesús sí.
- Asistir a un estudio bíblico no te hace cristiano. Seguir a Jesús sí.
- Creer en Dios no te hace cristiano. Seguir a Jesús sí.
- Bautizarte no te hace cristiano. Seguir a Jesús sí.

Por qué tantos de los que dicen ser cristianos hacen cosas horribles, como traicionar, herir a otros y difamar el nombre de Jesús? Tal vez porque muchos de ellos no son realmente cristianos.

Cuando yo estaba en la escuela secundaria, mi familia se mudó a una pequeña ciudad en el sur de Oklahoma. Allí, todos admiraban a un respetado maestro de escuela que también enseñaba en la escuela dominical de la iglesia.

Trágicamente, en secreto, empezó a interesarse por mi hermana pequeña en sexto grado y abusó sexualmente de ella y de otras chicas jóvenes en repetidas ocasiones.

No puedo saber si alguna vez tuvo una fe genuina, pero sí sé esto según Tito 1:16: decía conocer a Dios, pero lo negaba con sus acciones.

Tristemente, hay muchos que dicen conocer a Cristo, pero en realidad no lo conocen. De hecho, algunos de ellos ocupan posiciones de liderazgo espiritual sin tener una verdadera relación con él. Jesús nos dijo que, en el día del juicio, responderá a muchos que lo llaman «Señor» con estas palabras: «Jamás los conocí; APÁRTENSE DE MÍ, LOS QUE PRACTICAN LA INIQUIDAD» (Mt 7:23).

En la parábola de Jesús de las ovejas y las cabras en Mateo 25:31-46, vemos que tanto las ovejas como las cabras respondieron al rey con la misma pregunta: «Señor, ¿cuándo te vimos...?». Ambas lo llamaron Señor, pero ¿cuál es la diferencia? Las ovejas mostraron evidencia constante de la obra de Jesús en sus vidas, mientras que las cabras no lo hicieron.

Las personas que lo llaman Señor, pero actúan mal, contribuyen significativamente a que muchos cristianos sean vistos como hipócritas. Esto crea una imagen falsa, que distrae y desvía la atención de lo que Jesús realmente hace en nuestras vidas.

Solo son niños cristianos

Como mencioné, en la universidad yo estaba realmente lejos de Dios, algo que se notaba en la forma en que vivía mi vida. Sin embargo, empecé a leer la Biblia y me sentí atraído por Jesús. Un día, me arrodillé y oré: «Dios, si estás ahí, muéstramelo. Te entregaré mi vida». Tras esa sencilla oración, sentí sinceramente la presencia de Dios y, de alguna manera, supe que todo era diferente.

Pronto me encontré con un buen amigo que llevaba una vida al menos tan alocada como la mía y le dije: «Creo que he decidido que soy "religioso"». Hoy nunca lo diría de esa manera, pero en ese momento era nuevo en todo esto y no sabía cómo explicar lo que estaba pasando.

Sin que yo lo supiera, mi amigo también acababa de poner su fe en Jesús y estaba intentando encontrar la manera de decírmelo. ¡Yo no tenía ni idea!

¿Cuál fue su respuesta a mis noticias? «¡No me fastidies!» (Estaba tan emocionado por mí y no sabía qué más decir). Luego exclamó: «¡Yo también!». Y yo le respondí: «¡No me fastidies!» (Estaba igual de emocionado por él, y yo tampoco sabía qué decir). «¡Es increíble!».

Estábamos tan entusiasmados por nuestra decisión mutua que sentimos la necesidad de celebrarlo de la única manera que conocíamos.

Salimos y nos emborrachamos.

Mucho.

Eso fue lo que hicimos.

Si recientemente has decidido poner tu fe en Jesús, te recomiendo el bautismo como siguiente paso, no el Lunes de Margarita (o el Martes de Tequila, o el Miércoles de Whisky). Pero éramos nuevos seguidores de Jesús y aún no sabíamos hacerlo de otra manera.

A Jesús lo acusaron de juntarse con «pecadores» que tampoco sabían lo que hacían. Él se acercaba a las personas tal como eran en ese momento. Y todavía lo hace.

Comparto esta historia porque algunas personas que tergiversan a Jesús son cristianos (como mi amigo y yo), pero aún son nuevos o muy jóvenes en su desarrollo espiritual. En Hebreos 5, se les describe como niños cristianos: «Porque todo el que toma *solo* leche, no está acostumbrado a la palabra de justicia, porque es niño. Pero el alimento sólido es para los adultos, los cuales por la práctica tienen los sentidos ejercitados para discernir el bien y el mal» (He 5:13-14).

> ALGUNAS PERSONAS QUE TERGIVERSAN A JESÚS SON CRISTIANOS, PERO AÚN SON NUEVOS O MUY JÓVENES EN SU DESARROLLO ESPIRITUAL.

Entonces, ¿por qué algunos cristianos hacen cosas equivocadas que confunden a quienes observan sus vidas y ven que no representan a Jesús? *Son* nacidos del reino de Dios, pero todavía son inmaduros y están creciendo en su fe. No han aprendido todavía lo que está mal, lo que está bien ni cómo actuar correctamente.

Aunque la salvación es un evento único, la transformación es un viaje de toda la vida. El Espíritu Santo puede llegar a nosotros de una manera instantánea, pero el cambio se da día a día a través de él. Esto significa que cada cristiano se encuentra en una etapa única de su camino de fe.

Somos cristianos imperfectos y en proceso

¿Por qué tantos cristianos se equivocan?

Algunos no son cristianos.

Algunos son niños cristianos.

Otros son cristianos imperfectos y en proceso.

Para ser claros, eso nos incluye a todos: tú y yo. Ya no son «ellos», somos «nosotros». Todos somos cristianos imperfectos y en proceso.

Todos los días, incluso con Jesús en nuestras vidas, podemos tomar malas decisiones y decir cosas indebidas. Seguimos siendo tentados por un enemigo espiritual muy astuto que ataca incluso a los seguidores maduros de Jesús. Aunque cada vez nos parecemos más a Jesús, a veces seguimos cayendo en el pecado.

Cuando fallamos, eso no significa que seamos hipócritas condenados al infierno. Amamos genuinamente a Jesús, pero en un momento de debilidad podemos decir una mentira o palabras duras. A veces caemos en la tentación y traicionamos a alguien. No hay excusas, y eso es doloroso, pero no significa necesariamente que no tengamos verdadera fe.

Dios ha «hecho brillar su luz en nuestros corazones [...] pero tenemos este tesoro en vasos de barro» (2 Co 4:6-7). Él sabe que somos débiles, «porque sabe cómo fuimos formados, se acuerda de que somos polvo» (Sal 103:14).

No somos más que polvo.

Por muy maduro que seas, sigues siendo vulnerable. Y si crees que no lo eres, en realidad eres aún más vulnerable. La soberbia suele preceder a la caída (Pr 16:18).

Todo esto significa que inevitablemente nos decepcionaremos unos a otros. Aunque eso es un problema, creo que hay un problema aún más profundo.

Yo Peco. Tú Pecas. Todos caemos.

Supongamos que alguien te corta el paso en el tráfico. ¿Por qué lo hace? *El tipo es un imbécil que no se preocupa por nadie más que por sí mismo.*

Ahora supongamos que tú le cortas el paso a alguien en el tráfico. ¿Por qué lo haces? *No viste el otro auto. Obviamente no lo harías a propósito.*

Este es un sesgo cognitivo llamado «error fundamental de atribución», que significa lo siguiente:

- Cuando fallamos, culpamos a las circunstancias.
- Cuando otros pecan, culpamos su carácter.[17]
- Cuando yo peco, puedo decir: «No fue mi intención, simplemente estaba cansado y bajo mucha presión. Y, en realidad, no era para tanto. Además, tú conoces mi corazón. No soy esa clase de persona».
- Cuando otra persona comete el mismo pecado, decimos: «Esa persona es muy mala. Dudo que sea siquiera cristiana. ¡Qué hipócrita!».

En un sermón que estaba predicando, quise ilustrar la naturaleza egoísta de las personas. Describí un escenario familiar para muchos: estás sentado en la autopista atascado en el tráfico. Nadie se mueve y todos esperan pacientemente, excepto una persona. Siempre hay alguien increíblemente egoísta y narcisista que usa el espacio lateral de la carretera destinado a emergencias para adelantarse a todos los demás conductores que obedecen las normas de tránsito. Les dije a los miembros de nuestra iglesia: «¡Ese tipo responderá ante Jesús!», y todos se rieron.

Al día siguiente, de camino a la oficina de mi iglesia, el tráfico en nuestra carretera de dos carriles se detuvo por completo. Estaba cerca de cincuenta metros de la entrada del estacionamiento de la iglesia. Después de esperar pacientemente en la fila durante un tiempo sin que los autos se movieran, me di cuenta de que nuestra iglesia es propietaria del terreno entre la entrada del estacionamiento y donde estaba yo. Así que, técnicamente, eso era como «mi terreno», y pensé: *Y, bueno, si es mi terreno, debería poder manejar por ahí, ¿no?*

Así que lo hice.

Estacioné el auto en la hierba, que servía como el espacio lateral de la carretera, pasé junto a varios autos y entré al estacionamiento de la iglesia sin problemas. ¿No era gran cosa, verdad?

Más tarde, ese mismo día, Mark, otro miembro del personal, me contó que él también había quedado atrapado en la misma congestión. Mientras esperaba pacientemente, su hijo de diez años gritó: «¡Papá, ahí está uno de esos egoístas haciendo lo que decía el pastor Craig, conducir por el espacio lateral de la carretera!». Luego, exclamó en asombro: «¡Papá, es el pastor Craig!».

No hay nada como ser descubierto por un niño de diez años.

Somos rápidos en señalar con el dedo y acusar a otros de hipocresía. Pero cuando justificamos nuestros errores por las circunstancias mientras condenamos el carácter otros, ¿no es eso hipocresía? ¿No nos convierte también en hipócritas?

Me pregunto si nos escandalizaríamos y ofenderíamos menos por el pecado de los demás si fuéramos un poco más consciente y honestos sobre el nuestro.

No es de extrañar que Jesús también hablara de este problema. En Lucas 6:41-43, dijo: «¿Y por qué miras la mota que está en el ojo de tu hermano, y no te das cuenta de la viga que está en tu propio ojo? ¿O cómo puedes decir a tu hermano: "Hermano, déjame sacarte la mota que está en tu ojo", cuando tú mismo no ves la viga que está en tu ojo? ¡Hipócrita! Saca primero la viga de tu ojo y entonces verás con claridad para sacar la mota que está en el ojo de tu hermano».

> ME PREGUNTO SI NOS ESCANDALIZARÍAMOS Y OFENDERÍAMOS MENOS POR EL PECADO DE LOS DEMÁS SI FUÉRAMOS UN POCO MÁS CONSCIENTES Y HONESTOS SOBRE EL NUESTRO.

Como todos los demás, pecamos por las mismas razones. Cuando lo hacemos, Dios no reacciona sorprendido diciendo: «No lo puedo creer. ¡¿Cómo pudo pasar esto?!». No, él no se sorprende, porque sabe que somos pecadores necesitados de redención.

Él sabe que somos polvo y que:

- somos débiles.
- cedemos a la tentación.
- cedemos a la presión de grupo.

- tomamos el camino fácil.
- cometemos un desliz y decimos algo equivocado.

Lamentablemente, cuando pecamos, a menudo herimos a otros.

Yo hiero a la gente.

Tú hieres a la gente.

Todos lo hacemos, porque todos somos iguales.

Debemos considerar con qué frecuencia caemos en el error fundamental de atribución: excusamos nuestro pecado mientras exponemos los defectos de los demás. Si te has sentido ofendido por el pecado de un cristiano, tal vez tus expectativas eran demasiado altas. Tal vez estabas siendo crítico. Olvidaste que esa persona es polvo, igual que tú.

Sacúdete, Sacúdete [Eh-ah-oh]

En Hechos 13, hay una poderosa historia sobre Pablo y Bernabé. Se nos dice que la palabra del Señor se esparció por toda la región donde ellos estaban ministrando. Dios se estaba moviendo. Estaban sucediendo cosas buenas. Hasta que «los judíos instigaron a las mujeres piadosas y distinguidas, y a los hombres más prominentes de la ciudad» (Hch 13:50).

Estas eran personas respetadas. Las «mujeres temerosas de Dios de alto rango» eran las guerreras de oración y madres espirituales a las que todos admiraban. Me pregunto si se opusieron a este movimiento de Dios porque tenían una opinión demasiado alta de sí mismas. Y «ser temerosos de Dios» no significa necesariamente seguir a Jesús. No estoy seguro, pero sí sé lo que hicieron: «Provocaron una persecución contra Pablo y Bernabé, y los expulsaron de su región» (v. 50).

Estas personas —que se suponía que representaban a Dios— se dejaron llevar por el mal camino y expulsaron a Pablo y Bernabé de la ciudad.

¿Qué hicieron Pablo y Bernabé? ¿Decidieron dejar la fe y ya no reunirse con los creyentes?

No.

No fue eso lo que hicieron.

Podrían haberlo hecho si se hubieran centrado solo en la ofensa. Pero no lo hicieron. Siguieron a Jesús y encontraron a otros creyentes con quienes compartir la vida.

Después de muchos años de experiencia personal, cada vez que soy lastimado por aquellos que dicen seguir a Cristo, me recuerdo lo siguiente:

Una persona me decepcionó.

La iglesia no me decepcionó.

Dios no me decepcionó.

Una vasija de barro me decepcionó.

Alguien como yo.

Muchos deciden dejar de asistir a la iglesia cuando un cristiano hipócrita los ofende, pero esa es una respuesta emocional que va contra la lógica.

No hacemos eso con los restaurantes.

¿Te imaginas que te sirvan mala comida en un restaurante y decidas: «¡Ya está! ¡No volveré a comer!»?

Y nunca has dicho: «¡Tardaron casi media hora en servirme la hamburguesa y las papas fritas, y ni siquiera estaban buenas! Así que no vuelvo a ningún restaurante».

Eso no tendría sentido. No juzgarías a todos los restaurantes basándote en uno solo.

De la misma manera, no deberías rechazar a todas las iglesias por una mala experiencia con una, ni rechazar a Dios por culpa de unos pocos cristianos que fallan o que tal vez ni siquiera sean cristianos en realidad.

No es justo juzgar a todas las iglesias basándose en una sola. Y es especialmente injusto juzgar a Jesús por algunos de sus seguidores. Y tampoco es justo para ti, porque si los metes a todos en la misma bolsa, los llamas hipócritas y lo rechazas todo, eso podría alejarte de Jesús. Y eso no es justo para ti, porque lo necesitas desesperadamente. Nada vale la pena como para alejarte de él.

Entonces, ¿qué deberías hacer?

Haz lo que hicieron Pablo y Bernabé. Ellos decidieron: No vamos a dejar que los pecados de algunas personas nos alejen de la bondad de Dios. Él no nos defraudó; la gente lo hizo. Y todos somos polvo.

¿Cuál fue el siguiente paso de Pablo y Bernabé? «Así que se sacudieron el polvo de los pies como advertencia para ellos y se fueron a Iconio. Y los discípulos estaban continuamente llenos de gozo y del Espíritu Santo» (Hch 13:51-52).

¿Notaste la palabra «polvo»? Ellos se lo sacudieron. Eligieron la alegría.

No estoy minimizando el hecho de que te hayan lastimado. Puede que eso te haya hecho retroceder, que te haya costado mucho, que te haya robado la inocencia o que te haya causado un profundo dolor. La traición es horrible. La gente puede ser cruel. El dolor puede ser insoportable. Pero en algún momento, te darás cuenta de que Dios quiere que sanes, sigas adelante y mejores.

¿Qué debes hacer?

Sí, también debes sacudirte del polvo.

Entiendo que, si te han maltratado, traicionado o abusado, vas a necesitar mucha oración, luego sacudirte un poco, tal vez hacer terapia, luego sacudirte un poco más, y quizá orar más, hacer introspección y seguir sacudiéndote. No es fácil, pero en algún momento, por tu bien, tienes que quitártelo de encima. Encuentra la capacidad de perdonar, sanar y déjalo ir y, como Pablo y Bernabé, sigue adelante lleno de la alegría del Espíritu Santo.

Debes saber que no digo esto a la ligera. Yo mismo siento que debo sacudirme de algo cada semana. Entiendo que la mayor queja contra la Iglesia suele ser que está llena de personas hipócritas, de mente cerrada y juzgadores. No quiero que eso sea cierto, pero las peores heridas que he experimentado han venido de hipócritas, de mente cerrada y juzgadores.

Por eso lo entiendo.

Y quiero decirte lo siguiente: si alguna vez has sido herido por la iglesia o por alguien hipócrita que asiste a ella, lo lamento. Lo siento, porque la gente de la iglesia no siempre actúa correctamente.

Algunas personas en la iglesia dicen una cosa y luego hacen otra.

Algunos líderes han abusado de su poder.

Algunos cristianos pueden ser arrogantes, duros, poco amables y faltos de amor.

Es decepcionante. Pero eso no representa Jesús. Eso no honra a Dios. No hay excusa para ello, y lo lamento.

De verdad lamento que alguien que dice ser cristiano te haya causado dolor.

En total transparencia: incluso como pastor, a veces pierdo la paciencia o caigo en el orgullo. Puedo ser crítico. A veces me enfoco más en tener razón que en mostrar amor. Cuando eso sucede, hiero a las personas, y lo lamento.

Pero ¿puedo preguntarte algo? Si has sido lastimado por la gente y eso te llevó a perder tu fe en Jesús, ¿es posible que tu fe estuviera puesta en la gente cuando debería haber estado puesta en Jesús?

¿Podrías pedirle a Dios que te ayude a ver si esto es cierto en tu caso?

¿Estás tal vez luchando con tu fe en Jesús, no por él mismo, sino porque confiaste en una persona imperfecta en lugar de en nuestro Salvador perfecto?

¿Puedo animarte a que pongas tus ojos en Jesús? Él nunca te decepcionará.

> **SI HAS SIDO LASTIMADO POR LA GENTE Y ESO TE LLEVÓ A PERDER TU FE EN JESÚS, ¿ES POSIBLE QUE TU FE ESTUVIERA PUESTA EN LA GENTE CUANDO DEBERÍA HABER ESTADO PUESTA EN JESÚS?**

La personas pueden fallarte, pero Jesús no.

Lee los Evangelios y observa su vida.

No mires a los hipócritas ni a la gente; mira solo a Jesús.

Observa cómo vivió y cómo amó.

Mira cómo confrontó la hipocresía.

Mira cómo mostró compasión por los más humildes, los rechazados y los perdidos.

Observa cómo defendía a los maltratados y oprimidos, a las viudas y a los pobres.

Mira cómo las personas rechazadas por la religión se sentían atraídas hacia Jesús.

Mira cómo los pecadores y los quebrantados querían estar cerca de él, porque él quería estar cerca de ellos.

¿Puedo animarte a que vuelvas a Jesús y te desprendas de todo lo que la gente te ha causado? Después de todo, solo son humanos, hechos de polvo.

Quizá pienses: *Bueno, Craig, eso es fácil de decir para ti.*

Pero no lo es.

Recuerda que mi hermana fue abusada sexualmente durante años por un hombre que, mientras tanto, enseñaba en la escuela dominical de nuestra iglesia. Ese hombre nunca se disculpó, y toda su vida siguió afirmando que era cristiano.

¿Qué hicimos nosotros?

Nuestra familia, liderada por mi hermana, decidió perdonarlo.

No fue fácil. Decidir perdonar lo que parecía imperdonable fue una de las cosas más difíciles que hemos hecho como familia. Fue un proceso guiado por el Espíritu que tomó muchos años y requirió múltiples sacudidas. Requirió asesoramiento y oración. Pero al final, Dios nos ayudó a dejar atrás el dolor.

Le escribimos una carta explicándole por qué lo perdonábamos y compartimos el Evangelio con él.

Para ese entonces, él estaba en su lecho de muerte. Su enfermera le leyó la carta. Más tarde supimos que tanto él como la enfermera se sintieron muy conmovidos, y ambos oraron juntos.

Sinceramente, no sé qué pasó con él en ese momento, pero sí sé lo que pasó con nuestra familia.

Mi hermana, por la gracia de Dios, pudo soltar el rencor.

Nos liberamos.

No íbamos a permitir que el pecado de una persona nos apartara de la bondad de Dios.

No íbamos a permitir que su hipocresía nos alejara de la gracia y el perdón de Jesús.

Y no íbamos a permitir que el dolor que él nos causó nos robara de vivir en la alegría que nos da el Espíritu Santo.

Sé que no es fácil, pero si alguien que decía ser cristiano te ha herido, suelta el rencor y pon tu mirada a Jesús.

Confía en él.

Descansa en él.

Pon toda tu fe en él.

Jesús nunca te decepcionará.

> Jesús los miró y dijo: «Para los hombres eso es imposible, pero para Dios todo es posible».
> —Mateo 19:26

EJERCICIO DEL CAPÍTULO 6

1. Al igual que las historias de Chloe, Brian y mi hermana en este capítulo, ¿has tenido alguna vez una experiencia tóxica con un cristiano en quien confiabas? Explica.

2. ¿En qué sentido es «publicidad engañosa» cuando hay una diferencia entre la vida de Jesús y la vida de quienes dicen seguirlo?

3. ¿Por qué crees que Jesús confrontó tan directamente a la hipocresía de los fariseos? ¿Cómo podemos aplicar sus palabras a nuestras vidas hoy?

4. ¿Crees que nuestra cultura fomenta actitudes que llevan a algunas personas a pensar erróneamente que son cristianas? Explica.

5. ¿De qué manera la sección «Quizá solo son niños cristianos» podría ayudarte a comprender mejor y permitir diferentes niveles de madurez espiritual en tus hermanos y hermanas en Cristo?

6. ¿Cómo puede ayudarte a crecer en la gracia de Dios, el perdón, la reconciliación y el sentido de comunidad el hecho de aceptar que todos somos «cristianos imperfectos y en proceso»?

7. En una escala del 1 (nada) al 10 (todo el tiempo), ¿cómo calificarías tu lucha con el error fundamental de atribución: excusar tu propio pecado mientras expones el de otros? Explica.

8. ¿Qué opinas de la enseñanza de Jesús sobre la mota y la viga en Lc 6:41-43? ¿Cómo puede influir esta enseñanza en tu manera de ofenderte o juzgar a los demás?

9. ¿Cómo puedes aplicar la respuesta de Pablo y Bernabé a la gente temerosa de Dios que los expulsó de la ciudad en Hechos 13?

10. ¿Hay alguna persona o circunstancia en tu vida que este capítulo te haya ayudado a ver que necesitas perdonar, soltar y dejar atrás, por tu propio bienestar? Explica.

CAPÍTULO 7

¿Por qué sentimos a Dios tan lejos?

Con solo dieciséis años, Megan no pudo contener las lágrimas mientras me contaba su historia un domingo después de la iglesia. Ella amaba a su madre, que no era creyente, pero eso, junto con una docena de otras razones, les impedía estar cerca. Su padre era quien la «comprendía» y la hacía sentirse segura y querida durante aquellos turbulentos años de adolescencia. Siempre se había mostrado fuerte, emocionalmente disponible y presente. Sin embargo, tras una batalla de nueve meses contra un tumor cerebral, el padre de Megan falleció. Y junto con él, también murió su alegría.

Sin ningún otro lugar al que acudir, Megan iba a la iglesia cada domingo con la esperanza de experimentar la presencia de Dios y su paz prometida. Pero cada domingo se iba decepcionada. Por mucho que buscaba y necesitaba a Dios, no lograba encontrarlo.

Megan me confió: «Veo a otras personas levantar las manos en señal de adoración y lloran, y es obvio que sienten algo, pero...» —vaciló, tratando de encontrar las palabras —«yo no siento nada... solo un entumecimiento».

«Leo la Biblia», continuó, «pero no siempre tiene mucho sentido para mí. Y cuando oro, bueno, quiero creer que Dios está ahí, pero en realidad no siento nada. Le pido paz, pero parece que no le importa o que se ha ido, como mi padre».

Me dolió el corazón por Megan cuando confesó: «Quiero creer, pero no siento nada. Quiero creer que Dios está conmigo, pero me cuesta sentir su presencia».

¿Te sientes identificado con Megan?

Yo sí.

¿Alguna vez te has sentido como ella?

Yo sí.

Tengo una larga historia de sentir que Dios está ausente cuando prometió estar presente.

Por ejemplo, recuerdo mi primera comunión en la iglesia metodista donde crecí. Cuando tenía doce años, asistí a la clase de confirmación, al final de la cual todos participábamos de la comunión. Me dijeron: «Será el momento más sagrado de tu vida. Probarás el cuerpo y la sangre de Cristo. Tus pecados serán perdonados. Vas a experimentar la poderosa e inolvidable presencia de Dios».

Llegó el día y me arrodillé ante el altar con gran expectación espiritual. Cuando el pastor se acercó, apenas podía contener mi emoción. «Toma y come», dijo solemnemente, entregándome una hostia seca que me recordaba a comer una tarjeta de béisbol, *no* el cuerpo de Cristo. Pero sabía lo que venía después: ¡el vino! Sería mi primer sorbo de alcohol (y completamente legal, ya que era alcohol *sagrado*). «Toma y bebe», dijo el pastor mientras mi emoción aumentaba. Pero no, era jugo de uva. *¿Qué? Uf.* Mi primera comunión no solo fue una experiencia decepcionante, sino que también me dejó un mal sabor de boca.

Otra vez fue unos meses después de casarme con Amy. Me invitaron a un retiro espiritual para hombres. Mis amigos decían que era *lo mejor de la vida*: «Craig, esto es lo más parecido a estar en el cielo». Así que decidí dejar a Amy (lo cual era difícil, porque estar con ella era lo más parecido al cielo para mí) para pasar un fin de semana en «casi el cielo» con un montón de tipos. Pero la verdad es que el retiro se parecía más al infierno. Un grupo de hombres sudorientos en un gimnasio mal ventilado. Aunque a la mayoría de ellos les encantó, yo odié cada minuto y me preguntaba qué me pasaba. Mis amigos decían que era lo más cerca que habían estado de Dios, pero yo no sentía nada.

¿Qué experimentaban ellos?

¿De qué me estaba perdiendo?

Luego vino mi ordenación. Para ser pastor, estudié cuatro años en el seminario mientras trabajaba a tiempo completo para obtener mi maestría en divinidad. La primera vez que me presenté a la ordenación, me rechazaron. (He compartido esta historia en mi libro *[Pre] Decide*). Después de cambiar de denominación, tuve que cursar *otros* veintiún semestres y pasar por un período de prueba. Finalmente, tras *más de diez años* de preparación, me dieron permiso para ordenarme. Aunque tuve que volar a otro estado para la ceremonia, confiaba en que sería algo especial y memorable. Lo fue, pero no por las razones que esperaba. Nunca olvidaré mi ordenación porque tuve la peor diarrea de mi vida.

Estaba junto al altar con mi toga de ordenación, intentando contenerme. Los pastores oraban, y yo aguantaba. Ellos seguían orando, y yo seguía aguantando. Aquel día sentí algo, pero créeme, no era el Espíritu Santo.

¿Qué haces cuando deseas desesperadamente sentir la presencia de Dios, pero no la sientes?

¿Y si estás buscando a Dios, pero sigue pareciendo que está muy lejos?

¿Y si empiezas a dudar de su presencia?

[No] sentir la presencia de Dios

Hay algunas preguntas con las que lucho sobre la presencia de Dios. Me gustaría pedirte que te unieras a mí en esta lucha. ¿Estás preparado?

¿Crees que has sentido la presencia de Dios en algún momento? ¿Un momento en el que supiste que él estaba allí contigo? ¿Tuviste un momento en el que te identificaste con las palabras de David: «Sé que el SEÑOR siempre está conmigo. No seré sacudido, porque él está aquí a mi lado. Con razón mi corazón está contento y yo me alegro... Me mostrarás el camino de la vida, me concederás la alegría de tu presencia y el placer de vivir contigo para siempre» (Sal 16:8-9, 11 NTV).

¿Has sentido alguna vez así la presencia de Dios?

Si no es así, quédate conmigo mientras profundizamos en el tema.

Si sí lo has sentido, aquí te hago una pregunta complementaria: ¿Cómo lo supiste? ¿Cómo sabes que realmente sentiste a Dios y no que solo fueron tus emociones jugándote una mala pasada?

¿Tal vez sentiste un hormigueo? ¿O te sentiste tan abrumado por la emoción que lloraste? ¿O tal vez experimentaste una paz inusual y celestial que trascendía las caóticas circunstancias que estabas viviendo?

¿Fue de esta manera como supiste que estabas en presencia de Dios?

Es cierto que su presencia puede causar un hormigueo, ¿verdad? Bueno, lo mismo sucede al probar un auto nuevo, dar el primer bocado a un postre increíble o enterarte de que te van a aumentar el sueldo. ¿Se trata entonces de la presencia de Dios, o solo de una descarga de endorfinas?

La presencia de Dios puede hacerte llorar de alegría, pero también puede suceder al ver un vídeo conmovedor de YouTube o al final de las seis películas de *Rocky*.

La presencia de Dios es increíblemente pacífica, pero también lo es tomar un té de manzanilla en un baño de burbujas, rodeado de velas parpadeantes con aroma a especias de calabaza (o eso he oído).

Así que, si crees que has experimentado la presencia de Dios, ¿cómo puedes estar seguro de ello?

Ahora, aquí hay otra pregunta desafiante: cuando no sientes la presencia de Dios, ¿de quién es la culpa? ¿Es culpa suya? ¿Está ocultándose de ti? ¿O es culpa tuya? Tal vez Dios quería manifestarse de manera palpable y poderosa, pero tú no estabas prestando atención. ¿Es posible que hayas hecho algo mal? O, si no fue culpa de Dios ni tuya, ¿quizá fue culpa de alguien más? Por ejemplo, puede que hayan sido tus hijos haciendo demasiado ruido mientras intentabas orar, o tal vez fue culpa del pastor de alabanza por no elegir tus canciones favoritas en la iglesia.

Si no sentiste la presencia de Dios, ¿de quién es la culpa?

SI TE PREGUNTAS SI DIOS ESTÁ CONTIGO, NO TE PREOCUPES. NO ESTÁS SOLO.

¿Qué haces cuando deseas sentir la presencia de Dios, pero no la sientes? ¿Hay algo que puedas hacer?

Si luchas con estas preguntas, o si te preguntas si Dios está contigo, no te preocupes. No estás solo.

No estás solo si no sientes la presencia de Dios

«¿Por qué, Señor, estás lejos de mí?».

«¿Por qué me rechazas?».

«¿Por qué me has abandonado?».

Estas son palabras que quizá hayas pensado u orado, pero que no te has atrevido a pronunciar en voz alta. Puede que te sientas avergonzado por estas preguntas, o te preguntes qué dicen sobre ti y sobre tu relación con Dios. Pues bien, aquí hay una buena noticia: varios héroes de la Biblia, algunos de los siervos más fieles de Dios, dijeron estas mismas palabras, incluido el propio Hijo de Dios.

David fue reconocido como un hombre según el corazón de Dios (Hch 13:22). Probablemente habló sobre sentir la presencia de Dios más que nadie en la Biblia. Sin embargo, también expresó lo contrario: «Pero yo, a Ti pido auxilio, SEÑOR, y mi oración llega ante Ti por la mañana. ¿Por qué, SEÑOR, rechazas mi alma? *¿Por qué* escondes de mí Tu rostro? He estado afligido y a punto de morir desde mi juventud» (Sal 88:13-14).

No era una situación aislada. David escribió repetidamente en los Salmos para que la congregación los cantara en conjunto, él expresó una sensación de haber sido abandonado por Dios. Por ejemplo:

«¿Hasta cuándo, oh SEÑOR? ¿Me olvidarás para siempre? ¿Hasta cuándo esconderás de mí Tu rostro?» (Sal 13:1).

«Nos has rechazado, Dios» (Sal 60:1).

«*¿Por qué estás tan* lejos de mi salvación *y* de las palabras de mi clamor? Dios mío, de día clamo y no respondes; y de noche, pero no hay para mí reposo» (Sal 22:1-2).

Imagina que el próximo domingo el líder del culto de tu iglesia proyecta estas palabras en la pantalla e invita a todos a cantarlas juntos. Y si gritara: «¡Vamos, iglesia! Levanten sus voces y canten conmigo: "Dios, nos has rechazado"». Esto pone en perspectiva la audaz honestidad de David, ¿no es así?

Si alguna vez has experimentado una extraña ausencia de la presencia de Dios, si has clamado para que él te hable y no has oído nada, no estás solo. David lo entendía. ¿Sabes quién más lo entendía? Jesús. Nadie estuvo más cerca de Dios que Jesús. En Juan 10:30 dice: «Yo y el Padre somos uno».

Ambos caminaron íntimamente juntos durante toda la vida de Jesús en la tierra. Su misión era glorificar a Dios en todo sentido, y fue obediente hasta la muerte. En la cruz, Jesús fue insultado y burlado. En la cruz, Jesús se hizo pecado por nosotros. Y, de una manera misteriosa, en la cruz, Dios se apartó o miró hacia otro lado, pues es demasiado santo para mirar el pecado, y el alma de Jesús fue inundada por el peso de nuestros pecados.

Aunque esto es muy difícil de comprender para nosotros, hay algo que sí sabemos: Jesús, el Hijo de Dios, quien no había hecho otra cosa que la voluntad de su Padre, gritó en desesperada agonía: «Dios mío, Dios mío, ¿por qué me has abandonado?» (Mt 27:46).

Esta es una de las razones por las cuales Hebreos 4:15 dice de Jesús: «No tenemos un Sumo Sacerdote que no pueda compadecerse de nuestras flaquezas».

Si alguna vez te has preguntado por qué no sientes la presencia de Dios, no estás solo. Jesús lo entiende.

¿Por qué no siempre sentimos a Dios?

Cuando estaba en la escuela secundaria, aunque no estaba seguro de que Dios existiera, asistí a un retiro espiritual. (¿Por qué? Porque me invitaron y pensé que habría chicas lindas allí. También porque estaba dolido y esperaba que Dios fuera real. Pero, la verdad, más que nada, era por las chicas). En un momento dado, nos dijeron: «Vayan a pasar un rato tranquilo con Dios».

Así que me interné en un campo y me senté a la sombra de un gran árbol. En el suelo vi unos palitos (o ramitas grandes, no sé cómo describirlos. Yo no era ateo, ni mucho menos arboricultor). Desesperado por escuchar a Dios, tomé dos de ellas y las coloqué en forma de cruz. Pensé que estaba haciendo algo espiritual, así que reté a que hiciera algo espiritual por mí. Le di un amplio margen y le pedí: «Dios, haz algo con estos palitos. Cualquier cosa. Lo que sea. Tú decides. Un fuego del cielo sería increíble. O podrías simplemente mover uno de ellos. O tal vez un terremoto. Un pájaro que descienda en picada para llevarse uno sería genial. Aceptaría un gran viento del sur. O un ángel del cielo. Como quieras. Solo haz algo con uno de estos palitos y te serviré para siempre. Necesito sentir algo, ver algo. Solo quiero saber que eres real».

Tal vez no hayas sido tan creativo con las ramas como yo, pero probablemente has estado desesperado por una señal de Dios en algún momento.

Tal vez estés tratando de tomar una decisión sobre alguien con quien estás saliendo, orando, «¿Debería seguir con esto? ¿O terminar la relación y esperar a alguien mejor?». Quieres una respuesta audible, como: «Deberás terminar con él, porque una mejora viene en camino».

O quieres saber si deberías cambiar de trabajo y has estado suplicándole a Dios por una respuesta. O estás considerando mudarte al otro lado del país y necesitas alguna confirmación sobre si es una buena o mala idea. O quizás ya tienes dos hijos, pero te preguntas si deberías intentar tener un tercero.

Puede que no se trate de una decisión específica. Tal vez estés sufriendo y solo deseas experimentar la paz de Dios en medio del dolor. O te sientes solo y quieres saber que él está contigo.

Entonces, si Dios siempre está ahí y siempre nos ama, ¿por qué no lo sentimos siempre?

Consideremos tres posibles razones.

Razón 1: podrías «sensacionalizar» la presencia de Dios

Tal vez estés buscando una experiencia asombrosa y sobrenatural con Dios, como el maná del cielo, agua de la roca, la separación del mar, las bocas cerradas de leones hambrientos o caminar a través del fuego sin ser dañado. Sí, eso *es* posible, pero no siempre es así como nos encontramos con Dios. Puede ser raro, y eso puede ser bueno.

En una ocasión, los fariseos y saduceos vinieron a pedirle a Jesús que les mostrara una señal que probara que Dios estaba con él. Jesús respondió:

«Una generación perversa y adúltera busca una señal, pero no se le dará ninguna, salvo la señal de Jonás» (Mt 16:4).

La «señal de Jonás» hacía referencia a que Jesús saldría del sepulcro tres días después de ser sepultado. Con esto, les estaba diciendo que su resurrección era lo único que realmente necesitaban.

Si te preguntas: *¿Qué me pasa? ¿Por qué no siento la presencia de Dios?*, quiero que sepas que los sentimientos no son la única evidencia de su presencia. Eso es parte de lo que Jesús les comunicaba a los líderes religiosos en Mateo 16.

SI SIEMPRE SINTIERAS A DIOS, NO NECESITARÍAS FE.

Si siempre sintieras a Dios, no necesitarías fe.

Si confiaras únicamente en tus sentimientos, supongo que ahora estarías en la cárcel. Yo sé que yo lo estaría. Los sentimientos no son la única prueba de la presencia de Dios; él es mucho más grande y más amplio que lo que podemos sentir.

Por ejemplo, mi trabajo es lo más espiritual que se puede ser. Como pastor, mi vida entera gira en torno a Dios, Jesús, el Espíritu Santo, la oración, compartir el Evangelio y servir a las personas. Sin embargo, después de más de treinta años en el ministerio, he tenido tal vez diez experiencias sobrenaturales de Dios que realmente me dejaron asombrado.

No creo que la vida cristiana se base solo en experiencias sobrenaturales, y me alegra que sea así. ¿Por qué? Porque me lleva a vivir por la fe, no por los sentimientos, lo que a su vez me permite tener una relación más madura con Dios. Es similar a mi relación con Amy. Cuando nos conocimos y nos enamoramos, había muchos sentimientos intensos. Constantemente nos decíamos cosas como: «Tú eres *mi* osito de peluche». «No, tú eres mi osita». O «Te amo hasta la luna». «Bueno, yo te amo hasta el infinito y más allá». Pero también había mucha inseguridad, ya que no sabíamos bien lo que el otro sentía. Necesitábamos pruebas constantes de amor y compromiso, lo cual era comprensible, porque éramos nuevos el uno para el otro y había mucha incertidumbre.

Hoy en día, ya no necesitamos esa clase de validación. Aunque todavía hay sentimientos, ya no dependemos de ellos para estar seguros de nuestro compromiso. Ahora nuestro amor es más profundo y maduro; podemos estar juntos tranquilamente en una habitación sin tener que estar siempre pendientes el uno del otro, totalmente cómodos y completamente felices, sin exageraciones, sin ositos de peluche ni la luna.

Ese es el tipo de relación que quiero tener con Dios. Si no sientes que estás experimentando su presencia, tal vez lo estés «sensacionalizando».

Quizás estás confiando más en los sentimientos que en la fe.

O tal vez necesitas centrarte menos en la inseguridad de tu fe y más en lograr un fe más madura.

En Colosenses 1:22 (NTV), se nos recuerda una promesa sobre la presencia de Dios:

«Pero ahora él los reconcilió consigo mediante la muerte de Cristo en su cuerpo físico. Como resultado, los ha trasladado a su propia presencia, y ahora ustedes son santos, libres de culpa y pueden presentarse delante de él sin ninguna falta».

Puede que estés buscando pruebas cuando no es necesario. Jesús ya demostró su amor incondicional al dar su vida por ti en la cruz.

Razón 2: podrías tener un corazón endurecido

Como mencioné antes, Amy y yo ya no necesitamos sentimientos desbordantes para estar seguros del amor que nos tenemos.

No *necesitar* sentimientos puede ser señal de una relación madura.

No *tener* sentimientos puede ser señal de un matrimonio con problemas. Puede ser el resultado de un cónyuge que se ha alejado y distanciado en la relación.

De manera similar, algunas personas no experimentan la presencia de Dios porque sus corazones se han endurecido. Jesús describió esta situación cuando dijo:

«AL OÍR, USTEDES OIRÁN, PERO NO ENTENDERÁN; Y VIENDO VERÁN, PERO NO PERCIBIRÁN; PORQUE EL CORAZÓN DE ESTE PUEBLO SE HA VUELTO INSENSIBLE, Y CON DIFICULTAD OYEN CON SUS OÍDOS; Y HAN CERRADO SUS OJOS; DE OTRO MODO, VERÍAN CON LOS OJOS, OIRÍAN CON LOS OÍDOS, Y ENTENDERÍAN CON EL CORAZÓN, Y SE CONVERTIRÍAN, Y YO LOS SANARÍA» (Mt 13:14-15).

Si te preguntas por qué no sientes la presencia de Dios o por qué no percibes que él está contigo, puede ser que, como cristiano, hayas permitido que tu corazón se endurezca.

Así como cuando uno de los cónyuges comienza a distanciarse en el matrimonio, nuestros corazones no se endurecen de la noche a la mañana. Esto ocurre lentamente y, a menudo, sin que lo notemos, al menos al principio.

¿Por qué se endurece un corazón?

Por la amargura

Cuando alguien te hiere, puedes cerrar tu corazón no solo a esa persona, sino también a Dios. O puede que le pidas a Dios que haga algo, pero no lo hace ni responde como esperabas, lo que te causa una decepción aplastante. Con el tiempo, podrías llegar a pensar: «Realmente no puedo confiar en Dios», lo que endurece tu corazón. Por eso se nos advierte: «Que nadie deje de alcanzar la gracia de Dios; de que ninguna raíz de amargura, brotando, cause dificultades y por ella muchos sean contaminados» (He 12:15).

En la lista de pecados de los que Pablo se «deshace» en Efesios 4:31, la amargura aparece primero, antes que la ira, el enojo, la contienda, la calumnia y la malicia.

Un corazón también puede endurecerse por el pecado.

Por el pecado

No me refiero a un error espiritual de una sola vez, sino a un pecado continuo que permites que siga en tu vida. No estás luchando contra él, ni lo confiesas. Lo has aceptado, racionalizado y tolerado. Con el tiempo, tu corazón se cubre de pecado, lo que te impide sentir y disfrutar la presencia de Dios.

Por ejemplo, imagina que es invierno y hace mucho frío afuera. Se te congelan los pelos de la nariz apenas sales por la puerta. ¿Qué haces? Te abrigas. Te pones ropa interior térmica, un jersey, el abrigo más grueso, guantes, gorro y bufanda (pareces el hermano de Ralphie en *Un cuento de Navidad*: «¡No puedo bajar los brazos!»). Sales de casa cubierto de ropa para no sentir el frío. Estas capas te separan del aire gélido para mantenerte caliente.

Mientras que las capas de ropa te protegen de los elementos dañinos, las capas de pecado te separan de lo que más necesitas. El pecado continuo nos impide sentir el calor del amor de Dios, dejando nuestros corazones en el frío. Nuestro pecado nos separa de Dios, no de su amor, sino de su presencia.

Te haré la misma pregunta que me hago cuando siento que Dios está lejos: ¿Hay algún pecado con el que te hayas sentido cómodo? Uno que hayas encontrado la manera de racionalizar, al punto de convertirlo en tu amigo, sin querer dejarlo.

Me refiero a pecados como estos:

- **LOS CELOS.** Sientes envidia de cualquiera que tenga el cabello perfecto, los hijos perfectos y o más zapatos que una Kardashian.
- **LA IRA.** Cuando alguien dice o hace algo que te molesta u ofende, te aseguras de que todo el mundo se entere con tu actitud o tus palabras.
- **LA LUJURIA.** Miras, deseas y repites este ciclo, diciéndote: «Bueno, al menos no estoy haciendo algo peor». Pero sabes la verdad: estás atrapado en una prisión de la que no puedes escapar.

Vivimos en una cultura que ha convertido el pecado en entretenimiento. Está en todas partes y es aceptado. Tal vez te has creído la mentira de que tu pecado está bien. Lo justificas, pones excusas y lo aceptas como parte de lo que eres y lo que haces. Debemos estar atentos a las señales de advertencia, como las justificaciones que nos decimos a nosotros mismos o a otros al racionalizar el pecado: «Oh, ya me conoces. Así soy yo» o «¿Qué daño podría causar? La gente lo hace todos los días».

¿De qué otra manera se endurece un corazón?

Razón 3: podrías darle prioridad al rendimiento

En vez de vivir *desde* la gracia y la aprobación de Dios, tratamos de vivir *para* obtenerlas.

Por ejemplo, cuando me convertí en cristiano, sabía que debía dejar de cometer todos los «grandes pecados». Dejé de emborracharme, de tener sexo y de maldecir como si estuviera en *Breaking Bad* o *The Wire*.

Después de dejar estas cosas atrás, estaba lleno de pasión por Dios y quería avanzar. Me obsesioné con el estudio de la Biblia, la oración, asistir a la iglesia, escuchar la radio cristiana y llevar camisetas (a menudo irritantes), como una que decía: «Me hice una prueba de ADN y Dios es mi Padre».

Con el tiempo, me di cuenta de que no estaba experimentando realmente la presencia de Dios. ¿Por qué? No se debía a un pecado sin confesión. No. Sino algo más sutil e insidioso. Mi vida se había centrado más en «hacer cosas para Dios» que en experimentar su presencia. Había ocurrido un cambio sutil de vivir en una devoción genuina a Dios, a cumplir con tareas religiosas. Estaba confiando en mi «H-A-C-E-R» en lugar del «H-I-Z-O» de Jesús. En lugar de vivir mi vida *con* Dios, estaba viviendo mi vida *para* Dios. No es de extrañar que no sintiera su presencia como antes. Todo giraba en torno a mí y casi nada tenía que ver con él. (¿Recuerdas cuando hablamos de la deconstrucción? Esta era una de las razones por las cuales algunas personas decían perder la fe).

¿Y tú?

¿Por qué no sientes la presencia de Dios?

¿Podría ser que estás «sensacionalizando» su presencia?

¿O que has permitido que tu corazón se endurezca y se enfríe hacia las cosas de Dios?

¿O estás racionalizando un pecado?

¿O tal vez estás priorizando tu rendimiento sobre la presencia de Dios?

Puede que Dios te esté acercando a él

Como padre de media docena de hijos, he notado algo: cuando llegan a cierta edad, es muy fácil que se vuelvan autosuficientes e ignoren a sus padres. Ahora que mis hijos son adultos, están casados y ya no viven en casa, me doy cuenta de que solo me visitan cuando necesitan dinero, un niñero o niñera o, de manera esporádica, cuando se sienten solos o desesperados y buscan consejo.

Dios quiere que estés cerca de él y que vivas dependiendo de él. Sin embargo, para nosotros es tentador mantener las distancias y vivir de forma independiente, hasta que nos damos cuenta de que lo necesitamos. Por eso, Dios te llevará a buscarlo.

Dios no necesita nada, pero su creación siempre lo necesita a él. Pablo dijo a la gente en el Areópago de Atenas: «Dios hizo esto para que lo buscaran, y de alguna manera, palpando, lo hallen, aunque Él no está lejos de ninguno de nosotros» (Hch 17:27).

Pablo subrayó que Dios no está lejos de nosotros; el problema es que somos nosotros quienes podemos sentirnos lejos de él.

Dios quiere que lo busques, que te acerques a él y lo encuentres. Por eso, tal vez permita que llegues a un punto donde lo anheles. Puede que te sientas solo, y eso te lleve a buscarlo, o desesperado, y por fin te des cuenta de que lo necesitas. Uno de los atributos más significativos de Dios es que es un ser relacional; quiere que lo busques. Él es un Dios amoroso e íntimo, que anhela tu corazón y tu devoción.

Piensa en esto: cuando te privas de algo, ¿qué ocurre?

Cuando no comes, tienes hambre y entonces comes.

Cuando no bebes, tienes sed y entonces bebes.

¿Y cuando no sientes la presencia de Dios? Te das cuenta de lo insuficiente y arruinado que estás sin él. Comprendes que lo necesitas en todo momento para satisfacer cada necesidad. Lo anhelas. Tienes hambre y sed de él. Entonces, lo buscas. Y, si lo haces, lo encontrarás. Dios hizo esa promesa en Jeremías 29:13:

«Me buscarán y *me* encontrarán, cuando me busquen de todo corazón».

Así que, si Dios te parece lejano, recuérdate que el hecho de que lo sientas distante no significa que esté ausente. Tus sentimientos no son hechos, y pueden engañarte.

Él está ahí.

Él está *cerca*.

Y trata de acercarte a él.

No está lejos de ti.

Si lo buscas, tal y como te ha invitado a hacerlo, puede que experimentes su presencia de una manera que te haga llorar y te ponga la piel de gallina. Pero eso será ocasional, probablemente solo de vez en cuando. Al menos, así me sucede a mí. Tiendo a experimentar más a Dios en la quietud de los momentos cotidianos y simples.

En 1 Reyes 19:1-18, se relata una historia del profeta Elías. Cuando su vida fue amenazada, huyó al desierto y llegó al monte Horeb. Después de pasar la noche en una cueva, «el SEÑOR le dijo a Elías: "¿Qué haces aquí, Elías?"».

Él le explicó su dilema, y entonces: «el SEÑOR le dijo: "Sal y ponte en el monte en presencia del SEÑOR, porque el SEÑOR está a punto de pasar"» (v. 11).

Un fuerte viento azotó la zona, pero Dios no estaba allí. Luego vino un terremoto, pero Dios no estaba en él. Después, un incendio arrasó la zona, pero Dios no estaba en el fuego.

¿No esperarías encontrar a Dios al menos en una de estas poderosas manifestaciones de la naturaleza? Lo que sucedió después fue la verdadera sorpresa: «Y después del incendio hubo un suave susurro» (v. 12).

Cuando Elías oyó el susurro, salió de la cueva y Dios volvió a hablar. No se nos dice cómo supo Elías que Dios no estaba en el viento, el terremoto ni el fuego, pero de alguna manera el profeta reconoció que el susurro era Dios. ¿Acaso lo había oído antes? ¿Sabía más sobre dónde estaba Dios que sobre dónde no estaba?

Cuando yo era niño, en el retiro, le pedí a Dios que me mostrara su poder haciendo algo con dos ramitas. ¿No queremos a menudo algo grande y dramático para estar seguros de que él está ahí? ¿Algo tangible que podamos ver, oír o sentir, que no nos exija confiar en él y tener fe?

Sí, habrá momentos en nuestras vidas en los que Dios se manifestará de maneras asombrosas, pero la mayoría de las veces parece que quiere que sigamos su consejo en el Salmo 46:10:

«Estén quietos, y sepan que Yo soy Dios».

Escucha su susurro, quizá en momentos como estos:

- Abres tu aplicación de la Biblia YouVersion y el Versículo del Día es justo lo que necesitabas.
- Estás teniendo uno de «esos días» y un amigo te llama para saber cómo estás.
- Te sientes espiritualmente seco y tu hijo te sorprende con una oración llena de fe.
- Escuchas una canción y sientes como si la letra hubiera sido escrita solo para ti.

- Apenas llegas a la iglesia y el sermón resulta ser exactamente el estímulo que necesitabas.

> **DIOS ESTÁ CONTIGO SIEMPRE Y NUNCA TE DEJARÁ NI TE ABANDONARÁ.**

Y entonces, te das cuenta, una vez más, de que Dios *está* contigo. Siempre está contigo; nunca te dejará ni te abandonará.

- Cuando no sabes qué hacer, él está contigo como tu guía (Jn 16:13).
- Cuando sufres, él está contigo como tu consolador (Jr 8:18; Jn 14:16).
- Cuando te sientes solo, él está contigo como un amigo que permanece más cerca que un hermano (Pr 18:24).
- Cuando estás abrumado por la ansiedad, él está contigo con una paz celestial que sobrepasa tu capacidad de comprensión (Fil 4:7).
- Cuando pecas, él está contigo como tu Salvador (1 Jn 1:9).
- Acércate a Dios. Haz de él tu refugio (Sal 73:28).
- Antes de emprender algo importante, pídele ayuda (Sal 124:8).
- Cuando te sientas ansioso, clama a él (Fil 4:6).
- Cuando no sepas qué hacer, pídele que guíe tus pasos (Sal 119:105).
- Cuando estés preocupado por alguien que amas, encomienda tus preocupaciones a él (1 P 5:7).
- Cuando estés angustiado, clama a Jesús (Sal 34:17).

¿Lo reconoces?

¿Te acuerdas de Megan? Es la chica de dieciséis años con la que estuve hablando en el vestíbulo después de la iglesia, quien me contó que su padre había muerto. Con lágrimas en los ojos, me preguntó: «¿Dónde está Dios? No puedo sentirlo».

Aunque podía ver y oír su dolor, también noté algo especial en ella. Era muy evidente: se tomaba en serio la búsqueda de Dios. A pesar de sus dudas y la falta de apoyo de su familia, iba a la iglesia todas las semanas y buscaba hablar conmigo en lugar de ocultar sus dudas y guardárselas.

Intenté animarla. «Dios te quiere mucho. Y está contigo. Siempre ha estado contigo. Te prometo que notarás su presencia. Te lo prometo porque puedo ver que eres testaruda, en el buen sentido».

Normalmente, no llamaría «testaruda» a alguien que apenas conozco, pero por alguna razón las palabras salieron de mi boca casi sin pensar. Al decirlo, esperé que ella no se ofendiera. Sin embargo, en cuanto mencioné «testaruda en el buen sentido», su expresión cambió de inmediato. Preguntó con seriedad: «¿Qué acabas de decir?».

Temí haberla ofendido, pero repetí: «Eres testaruda, en el buen sentido», haciendo hincapié en la palabra *buen*.

«No puedo creer que acabes de decir eso», me dijo, mientras lágrimas de felicidad rodaban por sus mejillas. «Mi padre solía decir eso. Me llamaba su "angelito testarudo". Así me decía desde que era pequeña. No puedo creer que hayas dicho que "soy testaruda en el buen sentido"».

Me quedé asombrado y le pregunté, viendo claramente la santidad del momento: «¿Lo reconoces? ¿Te das cuenta de que Dios está aquí, cerca, contigo en este momento?».

Ella me dirigió una sonrisa cómplice y asintió. «Sí, lo reconozco», dijo, secándose las lágrimas de los ojos. Era evidente para los dos: Megan había estado buscando a Dios, y lo había encontrado. Aunque no lo dijo, creo que se le erizó la piel en ese momento en que Dios me permitió usar las mismas palabras que solía decirle su papá.

¿Por qué?

Porque creo que Dios le estaba revelando su presencia a Megan.

¿Y por qué?

Porque ella lo estaba buscando.

Así es tu momento.

Búscalo.

Llámalo.

Clama a él.

Clama en tu dolor, en tus miedos, en tu desesperación.

Si lo buscas, lo encontrarás. Puede que lo sientas lejos, pero él no está lejos de ti.

Pero para mí, estar cerca de Dios es mi bien.
—Salmo 73:28

EJERCICIO DEL CAPÍTULO 7

1. Piensa en la historia de Megan y en la mía. ¿Has tenido alguna vez una experiencia similar en la que querías sentir la presencia de Dios, pero no podías? Explica.

2. ¿Puedes identificarte con David en los Salmos, cuando clama a Dios por respuestas? ¿Qué te parece la franqueza de sus palabras?

3. ¿Por qué crees que tendemos a querer señales y grandes despliegues de Dios para probar o confirmar su presencia?

4. ¿Cuándo fue la última vez que tuviste una situación o decisión en tu vida por la que orabas pidiendo la ayuda de Dios, pero sentías que no estaba presente? Explica.

5. ¿Qué opinas de la afirmación: «Si siempre sintieras a Dios, no necesitarías fe»?

6. ¿De qué manera confiar más en la fe que en los sentimientos puede ayudarnos a ser más maduros y seguros en nuestra relación con Dios?

7. ¿Crees que alguna vez has «sensacionalizado» la presencia de Dios en algún aspecto de tu vida? Explica.

8. ¿La amargura o el pecado te han impedido alguna vez experimentar la presencia de Dios? Explica.

9. ¿Alguna vez has tenido dificultades para dar prioridad a tu comportamiento por encima de la presencia de Dios? Explica.

10. Después de leer las secciones «Puede que Dios te esté acercando a él» y «¿Lo reconoces?», ¿tienes una mejor comprensión de la presencia de Dios? Explica.

CAPÍTULO 8

¿Por qué enviaría Dios a las personas al infierno?

Creo que todos estamos de acuerdo en algo: es mejor no hablar de eso. Me refiero al infierno.

Simplemente no lo mencionemos. De hecho, cuando era niño, me enseñaron a no decir esa palabra inglesa. Tenía que decir «H-E-y-dos-palos-de-hockey»[18] en su lugar.

Era un tema tan prohibido que me sentía como un rebelde (que podría ir al infierno) cuando escribía 7-7-3-4 en mi calculadora en la escuela y luego la ponía boca abajo para mostrarle a mis amigos. (Por si te lo preguntas, lo intenté en la calculadora de mi teléfono, pero no funciona).

Hoy en día, la palabra *infierno* se utiliza de manera más ligera. Incluso podrías escuchar a alguien en la iglesia lamentarse de que «el mundo se está yendo al infierno en un canasto». (Por cierto, ¿qué es exactamente este canasto? Es una de esas cosas de mano de plástico que agarras en el supermercado cuando solo necesitas unas pocas cosas. ¿Y por qué un canasto es el principal medio para transportar lo que se envía al infierno?).

Aunque de niño se suponía que no debía decir la palabra que empieza con «i», yo seguía teniendo mucho miedo de ir al infierno. Me acostaba en la cama sintiéndome culpable por todo lo que había hecho mal durante el día y oraba: «Dios, no me mandes al infierno, no me mandes al infierno, no me mandes al infierno», hasta quedarme dormido. Luego me despertaba y me daba cuenta de que no había terminado mi oración con un «Diez-cuatro, buen amigo», o «Atentamente, Craig», o la cortesía favorita de Dios: «Amén».

Me di cuenta de que si hubiera «muerto antes de despertar» en lugar de «que el Señor se lleve mi alma», probablemente habría ido al infierno porque no había terminado bien mi oración. Así que repetía mi oración de la noche anterior: «Dios, no me mandes al infierno, no me mandes al infierno, no me mandes al infierno», y luego le decía varias veces «amén» a Dios. Amén, amén, amén: eso es por lo de anoche. Amén, amén, amén: eso es por esta noche. Amén, amén, amén para mañana por la noche si se me olvida. ¡Amén, amén, amén!

¿Cuál era mi punto? Que *realmente* tenía miedo del infierno.

¿Pero no le pasa lo mismo a la mayoría de la gente?

El infierno es confuso y difícil de entender para muchas personas, y a menudo produce dudas inquietantes que conducen a la gran pregunta: «¿Por qué un Dios amoroso enviaría a alguien a un lugar terrible como el infierno?».

Esto resulta especialmente perturbador, porque no es solo una pregunta filosófica, sino también una pregunta personal. Pensar en por qué Dios enviaría a alguien allí, y quién podría ir allí, es angustiante, por lo que la mayoría de las personas prefiere evitar el tema por completo. Pero eso representa un gran riesgo, ¿no te parece? Parece irresponsable no pensar en lo que podría pasarnos a nosotros y a nuestros seres queridos después de morir.

Aunque lo entiendo: pensar en el infierno es muy incómodo.

Quizá por eso todos parecen estar de acuerdo: es mejor no hablar de eso.

Sobre el tema del infierno, C. S. Lewis dijo: «No hay doctrina que con más gusto eliminaría del cristianismo que esta si estuviera en mi mano. Pero tiene el pleno respaldo de las Escrituras y, específicamente, de las propias palabras de nuestro Señor».[19]

Lewis tiene razón, *Jesús* habló del infierno. Y bastante. Esto nos lleva a otra pregunta: ¿Por qué un Jesús amoroso y compasivo hablaría de un lugar tan terrible como el infierno?

Creo que es importante que hablemos del infierno para entenderlo y, con suerte, disipar nuestras dudas sobre si Dios podría enviar a alguien allí. Pero, para entender el infierno, será útil hablar primero del cielo. Tal vez pienses: *«Es una buena idea, porque el cielo es un tema más fácil con el que todos podemos sentirnos bien y estar de acuerdo».*

Bueno, en realidad, podrías sorprenderte. ¿Sentirnos bien? Sí. ¿Estar de acuerdo? No necesariamente.

¿Qué es el cielo?

La gente tiende a pensar que el cielo estará lleno de todo lo que desean.

Para las mujeres:

- ¡Vivirás en una mansión perfecta, como las que salen en Pinterest!
- ¡Disfrutarás de unas vacaciones de playa interminables con todo incluido!
- En lugar de llevar a tus hijos de un lado a otro como una conductora de Uber sin sueldo, ¡te transportarán en una limusina de lujo!
- ¡Tu marido te traerá flores y te leerá poesía romántica mientras prepara la cena todas las noches!
- ¡Y además, habrá trufas de chocolate sin calorías!

Para los hombres:

- ¡Te servirán costillas premium a término medio, bañadas en mantequilla!
- Tu equipo siempre ganará el Súper Bowl, ¡y tú serás el *quarterback*!
- Conducirás un Lamborghini.
- ¡Serás increíblemente atractivo y estarás en forma para toda la eternidad!
- ¡Podrás comer un sinfín de Flamin' Hot Cheetos! (Bueno, en realidad, quizás estos estarían mejor en el infierno, pero ya entiendes la idea).

Suponemos que el cielo será como una fiesta interminable o unas vacaciones con todas las comodidades. Es una idea que el pastor John Ortberg llama «la fábrica del placer eterno».[20]

¿Quién no querría eso? Todos lo quisiéramos, y por lo tanto la suposición es que todos desean ir a esta versión del cielo.

¿Pero sabes de dónde sacamos esas ideas sobre el cielo?

Las inventamos.

La gente cree que el cielo será así porque la gente quiere que sea así. Pero esto no solo es inexacto, sino también un poco... irracional.

Mi familia ha estado de vacaciones en Steamboat Springs, Colorado. Si te dijera que las montañas allí están hechas de gomitas, la nieve es de chocolate blanco, y todas las personas que conoces te darán un billete de cien dólares solo por ser tú, sonaría increíble. Pero Steamboat Springs es un lugar real, así que no puedo inventar cómo es. El cielo es un lugar real, así que no podemos inventar cómo es.

Entonces, ¿cómo es el cielo en realidad?

El cielo es la vida con Dios.

Dios creó a los seres humanos para estar con él, para conocerlo íntimamente y experimentar la vida con él eternamente. Pero pecamos, y nuestro pecado interfiere con la vida con Dios. Por eso Jesús vino a la tierra y murió por nuestros pecados, para que podamos tener vida con Dios, tanto en esta vida como después de la muerte. La Biblia enseña que la muerte no es el fin para nosotros; es una puerta a una vida nueva y eterna. Así describe la Biblia el cielo:

> **EL CIELO NO ES LA ETERNA FÁBRICA DE PLACER. EL CIELO ES LA VIDA CON DIOS.**

«El tabernáculo de Dios está entre los hombres, y Él habitará entre ellos y ellos serán Su pueblo y Dios mismo estará entre ellos» (Ap 21:3).

¿Viste? Dios «habitará entre ellos». El cielo no es la fábrica del placer eterno. El cielo es la vida con Dios.

Me gusta cómo lo explica Ortberg: «El cielo no contiene a Dios; Dios contiene al cielo».[21]

A veces pensamos en el cielo como un gran parque de atracciones, y que en algún lugar, quizá en el centro porque es muy importante, Dios estará sentado en un trono. Así que, si alguna vez quieres estar con Dios, solo tienes que ir al trono (algo así como ir a ver a Mickey en Disney).

Pero no es así. Mira esta imagen del cielo en la Biblia: «No vi en ella templo alguno, porque su templo es el Señor, el Dios Todopoderoso, y el Cordero. La ciudad no tiene necesidad de sol ni de luna que la iluminen, porque la gloria de Dios la ilumina, y el Cordero *es* su lumbrera» (Ap 21:22-23).

En el cielo, Dios está en todas partes.

El cielo no contiene a Dios. Dios contiene al cielo.

No importa adónde vayas o lo que hagas, no podrás evitar a Dios allí.

Esto significa que, si no eres el tipo de persona que quiere estar con Dios, el cielo no es un lugar que disfrutarías. O si quieres seguir pecando, el cielo te resultará incómodo.

Si en esta vida pecas pero no quieres hacerlo, el cielo resolverá ese problema. Pero si disfrutas y quieres seguir pecando, manteniendo tu pecado en secreto incluso de Dios, el cielo sería un problema para ti, porque no habrá ningún lugar donde Dios no esté.

El cielo es vida eterna e ininterrumpida con Dios.

A quienes desean estar con Dios les encantará el cielo.

A quienes prefieren evitar a Dios, nunca querrán ir allá.

¿Qué es el infierno?

Ahora que tenemos una comprensión más clara del cielo, podemos responder mejor esta pregunta: ¿Qué es el infierno?

La Biblia afirma que el infierno es real. Una de las razones por las que algunas personas dudan de su existencia es porque la palabra evoca imágenes caricaturescas de mazmorras con cámaras de tortura dirigidas por un diablo rojo con cola larga y cuernos. Pero eso no es lo que dice la Biblia sobre el infierno. Me pregunto si esas ideas provienen del diablo mismo. Lo más estratégico que podría hacer Satanás es intentar convencer a todos de que el infierno no es real, o que no es algo que debe tomarse en serio.

Otra perspectiva errónea que algunos tienen es que el infierno es una fiesta interminable donde se puede hacer lo que se quiera sin consecuencias. Estas creencias facilitan que la gente rechace a Cristo y viva una vida que justifique el pecado, centrada en sí misma, ansiosa de comodidad, que evita el sacrificio, esquiva la persecución y se entrega a amar un mundo que no durará.

Eso es lo que hace la mayoría de la gente. Jesús nos advirtió al respecto en Mateo 7:13-14:

«Solo puedes entrar en el reino de Dios a través de la puerta angosta. La carretera al infierno es amplia y la puerta es ancha para los muchos que escogen ese camino. Sin embargo, la puerta de acceso a la vida es muy angosta y el camino es difícil, y son solo unos pocos los que alguna vez lo encuentran» (NTV).

¿Por qué es amplia la carretera y ancha la puerta al infierno?

En parte, porque la gente no cree en él. Es fácil no creer, especialmente si no hablamos del infierno.

Sin embargo, Jesús sí lo hizo.

El tema del infierno aparece con frecuencia en la Biblia, y Jesús habló de él más que nadie. Eso confunde a muchas personas, ya que Jesús es considerado la persona más compasiva de la historia. Pero precisamente por esa razón hablaba del infierno tan a menudo: *porque* era compasivo. Y, como él *es* amor, no quería que nadie terminara allí.

Max Lucado lo ilustra así:

«Jesucristo se colocó en la cruz como si dijera: "Si quieres ir al infierno, tienes que pasar por mí". Así es como yo te amo».[22]

En una ocasión, Jesús usó una metáfora muy impactante para advertir a las personas sobre el peligro del infierno. Dijo que, si tu ojo derecho te hace tropezar, deberías sacártelo y desecharlo. Por ejemplo, si luchas con la lujuria, arráncate ese ojo. Me imagino a un grupo de hombres usando parches en los ojos. Jesús afirmó: «...arráncalo y tíralo; porque te es mejor que se pierda uno de tus miembros, y no que todo tu cuerpo sea arrojado al infierno» (Mt 5:29).

Jesús sabía que el infierno era real y quería que comprendiéramos la amenaza para evitarlo a toda costa.

La palabra que Jesús usó para «infierno» en Mateo 5 se traduce de la palabra griega «Gehena», que hacía referencia a un lugar real en la esquina suroeste de Jerusalén, conocido como el valle de Hinom. Siglos antes de Jesús, el malvado rey Acaz adoraba al falso dios Moloc, realizando sacrificios de niños. Jeremías 7:31 menciona que se construyeron «lugares altos» en el valle de Ben Hinom, donde los padres quemaban a sus hijos como ofrendas a Moloc. Si visitas Jerusalén hoy en día, no encontrarás casas ni negocios en Gehena, ya que siempre ha sido considerado un lugar maldito y apartado de Dios.

Debido a su historia siniestra, Gehena se convirtió en un basurero despreciado, donde se arrojaban animales muertos, desechos humanos, aguas residuales y los cuerpos de criminales ejecutados. Los desechos se quemaban en un fuego ardiente y constante, y toda la zona emanaba un olor pútrido.

Podríamos referirnos a este valle como «La Tierra de Nunca Más»,

- No más belleza.
- No más risas.
- No más paz.
- No más amistad.
- No más alegría.
- No más esperanza.
- No más oportunidades.

Cuando Jesús hablaba del infierno, no lo describía como una mazmorra de tortura para la gente mala. Era mucho peor: el infierno es el lugar apartado de la presencia de Dios y de todo lo bueno.

El cielo es la vida con Dios.
El infierno es la vida sin Dios.
En el cielo, Dios está en todas partes.
En el infierno, Dios no está en ninguna parte.
Dios contiene el cielo y allí no podrás evitarlo.
En el infierno, Dios está ausente y no podrás encontrarlo.

EL CIELO ES LA VIDA CON DIOS. EL INFIERNO ES LA VIDA SIN DIOS.

Isaías 55:6 nos recuerda que hay un límite de tiempo para todos: «Busquen al SEÑOR mientras puede ser hallado, llámenlo en tanto que está cerca».

El infierno es la ausencia total de Dios y de todo lo bueno que proviene de él. En este mundo, aunque la vida con Dios se ve obstaculizada por la presencia del pecado, todavía podemos experimentar algo de Dios, incluso si no lo buscamos. Dios creó el mundo y sus muestras de su bondad abundan, como estas:

- Amar a la familia.
- Reírse con amigos.
- Asombrarse ante un atardecer.
- El arrullo de un bebé.
- El abrazo de un ser querido.
- Los colores vibrantes de flores y frutas.
- La belleza del arte que conmueve el alma.
- El olor de las galletas de chocolate recién horneadas.
- La satisfacción obtenida por un trabajo bien hecho.
- El placer de una relación íntima.
- La sensación de esperanza al amanecer de un nuevo día.

En esta vida, todos experimentamos algo de la presencia y la bondad de Dios. Pero el infierno es el lugar donde ni Dios ni su bondad están presentes. Es la tierra de nunca más.

De la misma manera que la presencia de Dios es lo que hace que el cielo sea el cielo, la ausencia de Dios es lo que hace que el infierno sea el infierno.

El infierno es la vida sin Dios y, sinceramente, ¿qué podría ser peor?

¿Por qué el infierno?

Todo esto puede despertar algunas dudas descorazonadoras: ¿Por qué permitiría Dios la existencia del infierno?

La vida eterna sin Dios

Somos seres eternos, por lo que después de esta vida necesitamos un lugar donde pasar la eternidad. La esperanza de Dios es que todos elijan estar con él en el cielo. Sin embargo, para quienes lo rechazan, Dios respeta su libre albedrío y permite que elijan el infierno como el lugar donde pueden vivir sin él.

Si somos sinceros, existen otras razones para la existencia del infierno. Aunque pueden incomodarnos, tienen sentido cuando se examinan con una mente abierta.

El infierno existe para que Dios castigue justamente a Satanás

Dios castigará al diablo por toda la eternidad. Es fácil pensar en Satanás como un personaje de caricatura con traje rojo, susurrándote al oído que te comas una gran porción de pastel de chocolate. Satanás es la encarnación del mal. Detrás de cada adicción, abuso, miedo, vergüenza y dolor, está Satanás. En las Escrituras se le llama:

- Serpiente (Gn 3:1-19; 2 Co 11:3)
- Tentador (Mt 4:3; 1 Ts 3:5)
- Príncipe de los demonios (Mt 12:24)
- Padre de la mentira (Jn 8:44)
- Ladrón (Jn 10:10)
- León rugiente (1 P 5:8)
- Maligno (1 Jn 5:18)
- Acusador (Ap 12:10)

Su misión es robar, matar y destruir: quiere robarte la salud, matar tu alegría y destruir tu fe. Su objetivo es arruinar tus finanzas, destruir tu matrimonio y desviar a tus hijos.

El infierno es el lugar donde Satanás recibirá las consecuencias justas por toda su maldad. El pastor y autor David Platt afirma:

«El infierno no es un lugar donde el diablo atormenta a los pecadores; el infierno es un lugar donde él es atormentado junto con los pecadores».[23]

En Apocalipsis 20:10 se nos dice que el diablo será arrojado a un lugar donde será atormentado para siempre.

Eso parece justo, ¿verdad?

Sin embargo, la siguiente razón para la existencia del infierno puede parecer aún más confusa.

El infierno existe para que Dios castigue justamente el mal

Esto es confuso porque ninguno de nosotros se considera malvado.

Como mencionamos antes, todos pensamos que somos bastante buenos.

Algunos de nosotros admitimos que pecamos y sabemos que el pecado es malo, pero creemos que nuestro pecado no es tan grave. ¿No es así? ¿No mira Dios hacia otro lado? ¿No nos hace un pequeño guiño porque «no es para tanto»? Después de todo, no estamos haciendo mal a nadie, ¿verdad?

No.

Si Dios ignorara nuestro pecado, no sería amoroso. El pecado es tóxico y autodestructivo, daña a los demás y nos separa de Dios. Por eso, él quiere protegernos de cualquier cosa que pueda dañarnos. ¿Te imaginas a un médico ignorando un resultado de laboratorio que muestra que su paciente tiene cáncer? No, porque no pensarías que alguien que lo hiciera debería ser médico.

De la misma manera, si Dios ignorara nuestro pecado, no sería santo, porque el pecado es maldad y Dios es justo. ¿Te imaginas a un juez ignorando un crimen atroz presentado en su tribunal? No, no podrías, porque no considerarías que alguien que hiciera eso debería ser juez.

Por eso debemos recordar que es imposible que Dios sea santo sin ser justo. A medida que crecemos en nuestra comprensión del carácter de Dios, aprenderemos que el mal debe ser castigado y que nuestro pecado es maldad. El castigo de Dios por el pecado no significa que él no sea justo; de hecho, es evidencia de que Dios es justo.

En 2 Tesalonicenses 1:9 leemos:

«Estos sufrirán el castigo de eterna destrucción, excluidos de la presencia del Señor y de la gloria de Su poder».

¿Notaste que lo que hace que el infierno sea el infierno es la ausencia de Dios? Serán «excluidos de la presencia del Señor». El infierno es la ausencia de Dios y de su bondad.

¿Así es como la gente será castigada en el infierno? ¿Serán excluidos de Dios y de su bondad, o sucederá algo más? No lo sé con certeza, pero no creo que haya algo más atrozmente tortuoso que estar completamente alejado de la presencia de Dios para siempre.

Una voz del infierno

Jesús contó una historia sobre el infierno en Lucas 16 que comienza así: «Había cierto hombre rico que se vestía de púrpura y lino fino, celebrando cada día fiestas con esplendidez» (v. 19). Vestirse de púrpura estaba reservado para la realeza, ya que el tinte era muy caro. En esa época, una buena pieza de lino podía costar como el sustento de una persona promedio durante un año.

A las puertas de la propiedad de este hombre rico había un mendigo llamado Lázaro, que estaba tan hambriento que anhelaba las migajas que caían al suelo y que comían los perros callejeros. Estos mismos perros le lamían las llagas.

Lázaro murió y los ángeles lo llevaron junto a Abraham. El hombre rico también murió y fue conducido al Hades, que era conocido como el lugar de castigo para los muertos.

La historia de Jesús muestra cómo lo que sucede en la tierra puede cambiar dramáticamente en la eternidad. El hombre rico estaba agonizando en el Hades cuando alzó la vista y vio a Abraham con Lázaro a su lado, en la distancia: «Y gritando, dijo: «Padre Abraham, ten misericordia de mí, y envía a Lázaro para que moje la punta de su dedo en agua y refresque mi lengua, pues estoy en agonía en esta llama» (v. 24). Torturado, quería un poco de alivio a su sufrimiento.

Abraham le explicó que no era posible cruzar entre los dos lugares, por lo que el hombre rico le hizo otra petición: «Entonces te ruego, padre, que envíes a Lázaro a mi familia, pues tengo cinco hermanos. Que les avise, para que no vengan también ellos a este lugar de tormento» (vv. 27-28).

Estas son cuatro cosas que aprendemos sobre el infierno a partir del relato de Jesús:

1. **EL HOMBRE RICO ESTABA PLENAMENTE CONSCIENTE Y ALERTA.** Tenía memoria, sentía dolor y estaba lleno de remordimientos.
2. **LA ETERNIDAD DEL HOMBRE RICO ERA IRREVOCABLE.** Era demasiado tarde para cambiar su destino en la «tierra de nunca más» oportunidades.
3. **EL HOMBRE RICO SABÍA QUE SU SUFRIMIENTO ERA JUSTO.** ¿Cómo lo sabemos? Porque se quejaba del dolor, pero nunca del castigo. Reconocía que era horrible, pero no que fuera injusto.
4. **EL HOMBRE RICO SUPLICÓ QUE ALGUIEN LES AVISARA A SUS HERMANOS QUE SUS DECISIONES TENÍAN UN IMPACTO ETERNO.** Sabía que sus hermanos terminarían donde él estaba a menos que tomaran una decisión diferente, por lo que suplicó que alguien les avisara.

Para mí, ese último punto es el aspecto más poderoso de la historia. Este hombre, por muy egocéntrico que fuera, amaba a sus hermanos. Cuando amas a alguien, desesperadamente no quieres que vaya al infierno.

Por eso debemos hablar del tema del que nadie quiere hablar.

Y por eso Dios envió a Jesús.

Una salida

El infierno existe porque somos criaturas eternas. Necesitamos un lugar al cual ir para siempre después de morir.

Dios te dio el libre albedrío para elegir la vida con él o sin él. Dios envió a su Hijo, Jesús, para demostrarte cuánto te ama, y para que, sin importar lo que hayas hecho, te invite a estar con él.

El infierno existe porque debe haber un lugar donde Dios castigue justamente el mal, y nuestro pecado es malo. Todos hemos pecado. Romanos 3:23 dice: «...todos pecaron y no alcanzan la gloria de Dios».

Aunque la Biblia es clara acerca de que «todos» pecamos, quizás estés pensando: *Pero yo soy una buena persona. Tengo un buen corazón.* En realidad, nuestros corazones son engañosos, y todos somos pecadores. Hemos mentido, robado y engañado. Hemos adorado ídolos, aunque no lo veamos así ni los llamamos «ídolos». Incluso nuestras acciones buenas pueden estar contaminadas por motivos impuros.

Es cierto que el pecado es un tema muy impopular en la cultura actual, pero que sea impopular no significa que sea falso. Es esencial reconocer nuestra pecaminosidad. ¿Por qué? Porque si no nos vemos como pecadores, no veremos nuestra necesidad de un Salvador.

No somos buenos. Dios es bueno. No somos santos. Dios es santo. Como Dios es santo, debe ser justo, y como es justo, debe castigar el pecado.

Dios es bueno, santo y justo, pero también es amor. El amor no es solo lo que él hace; es lo que él es. Debido a su amor, Dios envió a Jesús. «Pero Dios demuestra su amor por nosotros en esto: Cuando aún éramos pecadores, Cristo murió por nosotros» (Ro 5:8).

Su muerte y resurrección marcan la diferencia. Romanos 3 dice que, aunque todos hemos pecado, también «todos son justificados gratuitamente por Su gracia por medio de la redención que es en Cristo Jesús, a quien Dios exhibió públicamente como propiciación por Su sangre a través de la fe» (Ro 3:24-25).

Basándonos en estos versículos, si elegimos a Jesús por la fe, él hace lo siguiente:

- Nos justifica como si nunca hubiéramos pecado.
- Nos otorga la gracia gratuitamente, que es lo contrario a lo que merecemos.
- Nos redime y nos salva.
- Hace expiación por nosotros y elimina nuestro pecado.

¿Qué tan bueno es eso? No importa cuán grave sea tu pecado, la gracia de Dios es mayor. Por su gracia, y mediante la fe, Dios cubre todos tus pecados.

- Tus celos: perdonados.
- Tu lujuria: olvidada.
- Tus mentiras: perdonadas.
- Tu engaño: tachado.
- Tu orgullo: borrado.
- Tus fraudes: eliminados.
- Tu culpa: purificada.

Cuando confiesas tus pecados y le entregas todo a él, Jesús es fiel y justo para perdonarte y purificarte (1 Jn 1:9). Jesús ofrece gracia, no culpa ni pena. No hay condenación para los que, por su fe, están en Cristo (Ro 8:1).

¿Por qué enviaría Dios a alguien al infierno?

La gran pregunta con la que muchas personas luchan es esta: ¿Por qué enviaría Dios a alguien al infierno?

Espero que la respuesta ya sea clara.

Él no hace eso.

Dios no envía a las personas al infierno. Son las personas quienes eligen el infierno.

> **DIOS NO ENVÍA A LAS PERSONAS AL INFIERNO. SON LAS PERSONAS QUIENES ELIGEN EL INFIERNO.**

Eligen el infierno cuando rechazan la vida con Dios y deciden vivir por su cuenta como sus propios dioses. El infierno es simplemente el resultado de esa elección. Eligen el infierno cuando ignoran o niegan su pecado. El infierno es la consecuencia necesaria de esas decisiones.

Eligen el infierno cuando le dicen «no» a Jesús y a lo que hizo en la cruz por ellos. El infierno es donde pagamos por nuestros pecados si no dejamos que Jesús pague por ellos.

Algunas personas dicen: «Todo el mundo quiere entrar a la fábrica del placer eterno del cielo, pero Dios está tratando de mantener a la gente fuera, lo cual es mezquino y excluyente». Esto no es cierto. La realidad es que mucha gente no quiere vivir con Dios en el cielo, pero aun así, Dios está tratando de hacer que todos entren. Y, en Jesús, ha proporcionado un camino para que todos puedan entrar.

Dios no quiere que nadie vaya al infierno, por eso envió a Jesús para todos. «El Señor no se tarda *en cumplir* Su promesa, según algunos entienden la tardanza, sino que es paciente para con ustedes, no queriendo que nadie perezca, sino que todos vengan al arrepentimiento» (2 P 3:9).

Dios es paciente contigo. Está esperando, trabajando en ti, te ayuda enviando personas a tu vida, incluso este libro. Te está atrayendo hacia él por su Espíritu, porque es amor y no quiere que nadie perezca, sino que «todos lleguen al arrepentimiento».

Lo mismo ocurre con las personas que amas y no conocen a Jesús. Él es paciente, está esperando y los atrae con su Espíritu. Desea que sean liberados del dolor del pecado y que experimenten su bondad, tanto en la tierra como por la eternidad.

Por eso, Dios no nos envía al infierno; envió a Jesús para salvarnos del infierno.

El diablo viene a robar, matar y destruir.

Jesús vino para que tengas vida en abundancia.

No tenemos que ir al infierno, porque Jesús vino a darnos vida eterna con Dios, y esa vida comienza ahora.

La vida eterna comienza ahora

Tómate un momento para pensar en alguien que conozcas con una larga historia de malas decisiones. La vida de esa persona parece estar siempre en un desastre. Ahora, piensa en un cristiano que conoces, que camina con Jesús todos los días y es un ejemplo para ti.

Comparando esas dos vidas, ¿no es justo decir que la vida eterna comienza aquí y ahora? Los efectos tanto del cielo como del infierno son muy reales y visibles en la tierra. Aunque Dios ha hecho que cada vida sea eterna, hay una gran diferencia cuando Jesús nos trae a su vida eterna. Y, gracias a

Dios, incluso la persona que pensaste al principio, puede entregarse a Jesús y cambiarlo todo mientras siga respirando.

Pero basta de hablar de otras personas.

Jesús vino a *darte* vida eterna.

Algunos asumen que la vida eterna solo se refiere a la cantidad de vida, es decir, a una vida larga, para siempre.

Pero eso no es todo. Dios nos creó para ser seres eternos, y vamos a vivir eternamente, con o sin Jesús.

Jesús dijo: «Y esta es la vida eterna: que te conozcan a Ti, el único Dios verdadero, y a Jesucristo, a quien has enviado» (Jn 17:3). No dijo que la vida eterna fuera simplemente una vida sin fin; dijo que la vida eterna es conocer al único Dios verdadero y a su Hijo, Jesús.

La vida eterna se trata de calidad, no solo de cantidad. Es la vida abundante que Jesús ofrece, la cual experimentaremos plenamente en el cielo, pero que comienza ahora.

Cuando empiezas a vivir con Dios, hay consecuencias positivas, llamadas «fruto» en Gálatas 5:22: amor, alegría, paz, paciencia, amabilidad, bondad, fidelidad, mansedumbre y autocontrol, que provienen de la presencia de un Dios bondadoso. Él te consuela, te guía, te abre puertas, te provee, te fortalece cuando estás débil y te da paz cuando tienes miedo. La vida no será perfecta hasta que lleguemos al cielo, pero empieza a mejorar desde *ahora*.

> **ASÍ COMO EL INFIERNO ES EL LUGAR DONDE SE TERMINAN LAS COSAS BUENAS, EL CIELO ES EL LUGAR DONDE YA NO HAY COSAS MALAS.**

Así como el infierno es el lugar donde se terminan las cosas buenas, el cielo es el lugar donde ya no hay cosas malas. En Apocalipsis 21:3, Juan oyó una fuerte voz del cielo que decía: «El tabernáculo de Dios está entre los hombres, y Él habitará entre ellos y ellos serán Su pueblo, y Dios mismo estará entre ellos». Ahí está de nuevo: «Dios habitará entre ellos». ¿Por qué? Porque Dios nos ama. Su mayor deseo es mostrarnos su amor.

El cielo es la presencia de Dios.

En presencia de Dios, Apocalipsis 21 nos dice:

«Enjugará toda lágrima de sus ojos y ya no habrá muerte, ni habrá más duelo, ni clamor, ni dolor, porque las primeras cosas han pasado» (v. 4).

Imagínate: el cielo es también la tierra de nunca más. En presencia de Dios experimentarás lo siguiente:

- No más dolores de cabeza.
- No más depresión.
- No más rechazo.
- No más acoso.
- No más presiones económicas.
- No más soledad.
- No más miedo.
- No más inseguridades.
- No más tentaciones.
- No más culpas.
- No más vergüenza.
- No más muerte.
- No más duelo.
- No más llanto.
- No más dolor.

Dios te ama más de lo que jamás podrás imaginar. Él quiere que estés para siempre a su lado y desea que tengas paz respecto a lo que sucederá después de morir, porque has puesto tu fe en Jesús. Y como tu fe está en Jesús, aunque caigas en algún viejo pecado, su gracia te cubre, ya que no hay condenación para los que están en Cristo Jesús.

Por eso quiero que todos lo conozcan, ya que yo no lo conocí durante mucho tiempo.

Solo sabía acerca de él.

Intenté ser lo suficientemente bueno para él, pero eso no funcionó. Parecía que cuanto más lo intentaba, peor me ponía. Nunca pude ser lo suficientemente bueno.

Por eso quiero que todos sepan lo bueno que es. Y quiero que tú sepas lo bueno que es. Aunque hayamos hecho el mal y seamos pecadores, él nos ama tal como somos.

Tanto así, que envió a Jesús por nosotros.

Jesús vino para mantenernos fuera del infierno y, más que eso, para darnos vida eterna.

Y esa vida comienza ahora.

> Si ustedes, pues, han resucitado con Cristo, busquen las cosas de arriba, donde está Cristo sentado a la diestra de Dios. Pongan la mira en las cosas de arriba, no en las de la tierra.
> —Colosenses 3:1-2

EJERCICIOS DEL CAPÍTULO 8

1. ¿Tiendes a evitar pensar o hablar del infierno? Explica.

2. ¿Por qué supones que la mayoría de la gente quiere evitar el tema del infierno?

3. ¿Por qué piensas que hay tantas ideas erróneas sobre el cielo y el infierno?

4. Como cristianos, ¿por qué es importante que entendamos las realidades bíblicas tanto del cielo como del infierno?

5. ¿Qué opinas de la afirmación de John Ortberg: «El cielo no contiene a Dios; Dios contiene al cielo»?

6. ¿Qué opinas de estas afirmaciones? «El cielo es la vida con Dios. El infierno es la vida sin Dios» y «En el cielo, Dios está en todas partes. En el infierno, Dios no está en ninguna parte»?

7. Al leer las secciones sobre la existencia del infierno para que Dios castigue justamente a Satanás y al mal, ¿tuviste alguna nueva percepción o comprensión? Explica.

8. En tu opinión, ¿cuál es la enseñanza más importante sobre el infierno de la historia de Jesús sobre el hombre rico y Lázaro en Lucas 16?

9. ¿Estás de acuerdo con la afirmación «Dios no envía a la gente al infierno. La gente elige el infierno»? ¿Por qué sí o por qué no?

10. ¿Qué te parece la idea de que la vida eterna puede comenzar hoy mismo y continuar en la eternidad?

CAPÍTULO 9

¿Por qué creer en la Biblia si la ciencia la contradice?

Yo era un estudiante universitario de primer año tomando una clase de Literatura Bíblica. Como mencioné antes, yo no seguía a Cristo en la universidad. Pero como asistía a una pequeña escuela cristiana de artes liberales, todos los estudiantes estábamos obligados a tomar Literatura Bíblica. La clase era a las 8:00 a.m., y si no tenía resaca, era solo porque aún estaba borracho.

Un día, mi profesor habló de un versículo del Antiguo Testamento. (¿Cuál versículo? No me acuerdo). Como ya dije, no estaba en mi mejor momento mental. Explicó que lo que decía la Biblia en ese versículo no podía ser cierto. (Es irónico que experimentara esto no solo en una universidad cristiana, sino también más adelante en el seminario, como te conté en el capítulo 1). Mientras escuchaba, mi fe, ya débil y poco desarrollada, se derrumbó. Yo estaba más o menos seguro de que creía en Dios, con la suposición cultural básica de que lo que decía la Biblia era cierto. Pero aquí estaba un profesor educado utilizando la ciencia para contradecir la Escritura, y mi fe se desmoronó rápidamente.

¿Te ha pasado alguna vez?

Tal vez creías siempre que Dios creó el mundo en siete días, pero alguien te confrontó con lo que dice la ciencia sobre la edad de la Tierra y la evolución.

O tal vez pensabas que Dios creó la vida por amor, pero luego un profesor te dijo que la vida surgió por un accidente llamado «teoría de la sopa primordial». O que tu primer antepasado no fue un hombre en un jardín, sino un simio en un árbol. Y cuando esas personas hablaban con más confianza sobre la ciencia de lo que tú tenías en tu fe, eso le abrió la puerta a la duda.

Empezaste a cuestionarte si la Biblia y la ciencia estaban en conflicto, y al final te cuestionaste: *¿Puedo ser una persona inteligente y culta, y seguir creyendo al mismo tiempo en las cosas cristianas en las que se supone que debo creer?*

Este conflicto entre la ciencia y la fe me recuerda a una niña de quinto grado que compartió la historia bíblica de Jonás con su clase. Su profesora le dijo que era imposible que una ballena se tragara a Jonás y que él viviera dentro de su estómago. La niña, que había aprendido la historia en la escuela dominical, se mantuvo firme: «Sé que sucedió porque está en la Biblia», insistió. La maestra replicó: «No, es imposible». La niña respondió: «Sí, sucedió». La maestra volvió a decir: «No, no ocurrió». La niña comenzó a llorar y dijo: «Entonces, cuando llegue al cielo, le preguntaré a Jonás y él me dirá que sí ocurrió». La profesora, sin ceder, le preguntó: «¿Y si Jonás está en el infierno?». La niña le contestó: «¡Entonces, cuando te mueras, se lo preguntarás tú!».

Como esta niña de quinto grado, el desafío a nuestra fe puede surgir desde muy temprano. Muchas personas deciden seguir a Jesús y creer en la Biblia, pero luego:

- leen un artículo de una «fuente acreditada» que contradice su visión de Dios;
- ven un video en YouTube que «demuestra» que la Biblia está equivocada;
- un amigo les señala un error aparente en sus creencias;
- muchas personas les critican en redes sociales por una publicación espiritual que compartieron;
- un profesor menosprecia su fe utilizando «evidencias» científicas.

Poco a poco, su fe empieza a tambalearse.

¿Te sientes identificado con esto?

¿Alguna vez te has sentido como si tuvieras que tomar una decisión entre la ciencia y tu fe?

Empiezas a pensar que la ciencia y la Biblia están en conflicto, y dudas si puedes creer en ambas.

Pero ¿y si esa suposición es errónea?

¿Y si la ciencia y la Biblia no compiten entre sí, sino que cooperan?

¿Y si pudieran trabajar juntas para acercarnos más a Dios?

La batalla que no existe

El Dios de la ciencia es también el Dios de la Biblia. Él nos ha dado ambos, y cada uno tiene el propósito de revelarnos quién es él.

Por ejemplo, el Salmo 19 comienza así:

> Los cielos proclaman la gloria de Dios,
> Y el firmamento anuncia la obra de
> Sus manos.
> *Un* día transmite el mensaje al *otro* día,
> Y *una* noche a *la otra* noche revela sabiduría.
> No hay mensaje, no hay palabras;
> No se oye su voz.
> *Pero* por toda la tierra salió su voz,
> Y hasta los confines del mundo sus palabras.

—SALMO 19:1-4

El salmista David está diciendo que la naturaleza (el reino de la ciencia) revela a Dios. Y continúa:

> La ley del SEÑOR es perfecta, que restaura el alma;
> El testimonio del SEÑOR es seguro, que hace sabio al sencillo.
> Los preceptos del SEÑOR son rectos, que alegran el corazón;
> El mandamiento del SEÑOR es puro, que alumbra los ojos.

> EL DIOS DE LA CIENCIA ES TAMBIÉN EL DIOS DE LA BIBLIA. ÉL NOS HA DADO AMBOS, Y CADA UNO TIENE EL PROPÓSITO DE REVELARNOS QUIÉN ES ÉL.

El temor del SEÑOR es limpio, que permanece para siempre;

Los juicios del SEÑOR son verdaderos, todos ellos justos;

Deseables más que el oro; sí, *más* que mucho oro fino,

Más dulces que la miel y que el destilar del panal.

—SALMO 19:7-10

David está afirmando que la Palabra de Dios nos da vida, sabiduría y alegría.

Dios se ha revelado a través de la naturaleza *y* de las Escrituras. Se podría decir que nos ha dado dos libros: el «libro» del *mundo* de Dios y el libro de la *Palabra* de Dios, ambos escrito por el mismo autor soberano, y van de la mano.

Pablo hace esta conexión en Romanos 1:20: «Pues, desde la creación del mundo, todos han visto los cielos y la tierra. Por medio de todo lo que Dios hizo, ellos pueden ver a simple vista las cualidades invisibles de Dios: su poder eterno y su naturaleza divina. Así que no tienen ninguna excusa para no conocer a Dios» (NTV).

Unos cuatrocientos años después del nacimiento de Cristo, un brillante teólogo y filósofo llamado Agustín comprendió que la ciencia y la Biblia son complementarias, no competitivas. Enseñó que el conflicto entre la fe y la ciencia proviene de una mala comprensión de la ciencia o de una interpretación errónea de la Biblia.

Veamos el ejemplo más famoso del supuesto conflicto entre la ciencia y la Biblia. En el siglo XVII, tanto la Iglesia como la comunidad científica creían que el Sol giraba alrededor de la Tierra. ¿Por qué pensaban eso? Buena pregunta.

Simplemente les parecía correcto. Para validar esa creencia científica con las Escrituras, recurrían al Salmo 104:5: «Él estableció la tierra sobre sus cimientos, para que jamás sea sacudida».

Entonces, un físico y astrónomo italiano llamado Galileo hizo un descubrimiento. Utilizando telescopios más potentes que los que había hasta entonces, encontró el «paralaje estelar», lo que significa, en términos simples, que el cielo nocturno no se veía como se ve si la Tierra fuera el centro del universo. Galileo escribió un libro titulado *Diálogo sobre los dos máximos sistemas del mundo*, en el que proponía iniciar una conversación entre teólogos y científicos.

Sin embargo, la Iglesia no aceptó. Afirmó que la Tierra era el centro del universo, acusó a Galileo de herejía y, declarándolo culpable, lo condenó a arresto domiciliario de por vida.

¿Es esto un ejemplo de la incompatibilidad entre la ciencia y la Biblia? No.

La supuesta contradicción se debió a una mala interpretación de la Biblia. La frase «Él estableció la tierra sobre sus cimientos, para que jamás sea sacudida» no significaba que la Tierra fuera el centro del universo. Eso es obvio para nosotros hoy y debería haber sido obvio para ellos, pero la gente de esa época malinterpretó el pasaje. (Curiosamente, esa interpretación errónea de la Biblia se basaba originalmente en una mala comprensión del mundo por parte de los científicos).

Dios es el Dios de la ciencia y el Dios de las Escrituras, y la creencia de que ambas están en conflicto proviene de la incomprensión de una o de la otra.

La verdad no se encuentra solo en la ciencia o solo en la Biblia.

La verdad se encuentra en la ciencia y en la Biblia.

Estas ideas me llevan a plantear algunas preguntas importantes:

- ¿Y si la relación entre la ciencia y la Biblia no fuera competitiva?
- ¿Y si está destinada a ser cooperativa?
- ¿Y si está destinada a ser complementaria?
- ¿Y si, en vez de una cosa o la otra, fueran ambas cosas?

> LA VERDAD NO SE ENCUENTRA SOLO EN LA CIENCIA O SOLO EN LA BIBLIA. LA VERDAD SE ENCUENTRA EN LA CIENCIA Y EN LA BIBLIA.

Nos encanta elegir el ambos, ¿verdad?

Si tu hijo está celebrando su cumpleaños, no le dices: «Comeremos solo pastel de chocolate o solo helado de vainilla». No hay «o». La respuesta es: «los dos».

No te conformas con un sándwich solo de mantequilla de maní *o* solo de mermelada. No hay «o». La respuesta es: «los dos juntos».

¿Le pides a alguien que ponga solo el salero *o* solo el pimentero en la mesa? No, pides que pongan ambos.

¿Huevos o tocino? No tienes que elegir, la respuesta es los dos juntos: huevos y tocino. (En realidad, sería más apropiado decir «huevos y mucho más tocino).

Batman y Robin.

Netflix y relax. (¡Pero solo si estás casado!).

Nos gusta «tener las dos cosas a la vez», y los cristianos deberían abrazar este concepto más que las otras religiones, ya que esta idea de «las dos cosas a la vez» es una característica fundamental de nuestra fe.

- Jesús dijo: «Yo soy el Alfa y la Omega, el Primero y el Último, el Principio y el Fin» (Ap 22:13).
- Jesús «recibió del Padre, abundante en amor y verdad» (Jn 1:14).
- Jesús es el «autor *y* consumador de la fe» (He 12:2).

Luego está el versículo de «huevos y tocino, y más tocino», Juan 14:6: «Yo soy el camino, la verdad y la vida».

Así que te sugiero algo: Dios es el Dios de la ciencia y de la Biblia.

Dos herramientas con dos propósitos

Probablemente tengas algunas herramientas en tu garaje o cajón de misceláneas. Cada herramienta tiene un propósito específico. Puedes intentar usar una herramienta para un propósito incorrecto, pero no funcionará bien. Si intentas martillar con una llave inglesa, podrías dañar la llave más que clavar el clavo. ¿Aserrar con un destornillador? Totalmente ineficaz. ¿Cortar madera con tijeras? Te deseo buena suerte. Las diferentes herramientas tienen diferentes propósitos.

Si ves a alguien en la playa con un detector de metales, sabes lo que está haciendo por la herramienta que utiliza. Está buscando... ¿qué está buscando? ¿Anillos de diamantes? ¿Monedas? Nunca lo he tenido claro. Pero una cosa sé: no está tratando de encontrar arena. Los detectores de metales detectan metal, no arena. Es evidente que cada herramienta tiene su propósito distinto.

Cuando miras dentro de una caja de herramientas, sabes dos cosas: primero, que todo lo que hay dentro son herramientas; segundo, que cada una tiene su propia función particular.

Una de las razones por las que algunos creen que la Biblia y la ciencia están en desacuerdo, o que la ciencia ha refutado la Biblia, es porque no entienden claramente qué representa cada una.

En cierto sentido, son similares, ya que ambas presentan la verdad. Sin embargo, esto puede generar confusión cuando cada una, al presentar la verdad, también ofrece respuestas diferentes.

¿Por qué?

Porque no se centran en el mismo tipo de verdad.

La ciencia se basa en lo que podemos observar. ¿Recuerdas el método científico en la escuela?

- Haces una observación.
- Formulas una pregunta.
- Planteas una hipótesis.
- Haces un experimento.
- Analizas los datos.
- Llegas a una conclusión.

> **LA CIENCIA SE DEFINE POR LO QUE SE PUEDE OBSERVAR. LA FE SE BASA EN LO QUE *NO* SE PUEDE OBSERVAR.**

La ciencia se define por lo que se puede observar.

La fe se basa en lo que no se puede observar. La verdad de la Biblia debe aceptarse con fe. En Hebreos 11:1 se nos dice: «Ahora bien, la fe es confianza en lo que esperamos y seguridad en lo que no vemos». Más adelante, en ese mismo capítulo, se nos dice que uno de los padres de nuestra fe, Moisés, «se mantuvo firme como viendo al Invisible» (v. 27). La Biblia también dice de los cristianos: «Porque por fe andamos, no por vista» (2 Co 5:7).

La fe consiste en creer y vivir por algo que no es observable, medible ni repetible. En 1 Tesalonicenses 2:13 se nos dice: «cuando recibieron su mensaje de parte nuestra, ustedes no consideraron nuestras palabras como solo ideas humanas. Tomaron lo que dijimos como la misma palabra de Dios, la cual, por supuesto, lo es. Y esta palabra sigue actuando en ustedes los que creen» (NTV).

Tanto la ciencia como las Escrituras ofrecen la verdad, pero son diferentes tipos de verdad, lo que puede dar la impresión de que están en desacuerdo, aunque no es así. Cada una aborda verdades distintas y emplea métodos diferentes para que las personas las descubran. Por lo tanto, no siempre llegan a las mismas conclusiones.

Esto también significa que las diferentes respuestas que encuentran no son mutuamente excluyentes. Son como el hombre que usa el detector de metales: esta herramienta es excelente para encontrar metales, ya que detecta metales bajo la arena, pero no la arena en sí. Obviamente, eso no significa que la arena no exista, ni que no existan las palmeras de la playa o el océano rompiendo en la orilla. Los detectores de metales simplemente no están diseñados para detectar lo que no es metal.

De la misma manera, la ciencia es una herramienta muy eficaz para estudiar el mundo natural, pero eso no significa que no exista el mundo *sobrenatural* que enseña la Biblia.

La ciencia busca la verdad sobre el mundo natural. Las Escrituras son una herramienta diferente que revela la verdad acerca del mundo sobrenatural. La ciencia y las Escrituras pueden trabajar juntas, y de hecho lo hacen. ¿Por qué? Porque ambas nos remiten al mismo Dios.

¿Claridad o fe?

Una de las razones por las que pensamos que la ciencia y las Escrituras se contradicen es porque no tenemos claro el objetivo que tiene cada una.

La ciencia busca claridad.

La Biblia busca producir fe.

John Kavanaugh era profesor de filosofía en la Universidad de Saint Louis. Pasó un año buscando un propósito en su vida y luego se trasladó a

Calcuta, India, para ayudar a la Madre Teresa en su ministerio con los pobres. Un día, la Madre Teresa le preguntó: «¿Por qué quieres que ore por ti?». Kavanaugh pensó: «¡*Este es mi momento*!». Así que le pidió que orara para tener claridad. Pero ella le dijo que no y le explicó: «La claridad es lo último a lo que te aferras y lo primero que debes soltar». Sorprendido, él replicó: «Pero usted parece tener claridad. ¿Por qué no ora para que yo también la tenga?». La Madre Teresa le contestó: «Nunca he tenido claridad; lo que siempre he tenido es confianza. Eso es lo que voy a pedir para ti: que confíes en Dios».[24]

Tal vez lleves mucho tiempo haciéndote preguntas, buscando claridad, queriendo entender la vida con certeza. Eso no está mal; es algo bueno. Sigue buscando. Pero llegará un momento en el que te des cuenta de que lo que necesitas es fe, no claridad.

Te animo a que no veas el cristianismo como algo que se trata de tener todas las respuestas correctas. No es así. El cristianismo se trata de una fe en Jesús que te da una relación viva con Dios, el único que tiene todas las respuestas.

Necesitar claridad absoluta y siempre tener las respuestas correctas es más un enfoque científico que uno de fe. Si crees que necesitas tener todas las respuestas correctas, es posible que estés construyendo tu fe sobre un castillo de naipes, en lugar de sobre Jesucristo. Cuando alguna de tus creencias sobre Dios es cuestionada, todo tu sistema de fe podría desmoronarse. Eso fue lo que me pasó a mí, con resaca, en mi clase de Literatura Bíblica a las ocho de la mañana. Mi frágil fe no pudo soportar un simple desafío, y estuve dispuesto a renunciar a Dios.

Eso es una locura. No deberíamos rendirnos cuando una parte de nuestra fe es desafiada. Pero muchos lo hacen.

Hay una manera de adoptar un enfoque más científico hacia nuestra fe. Recuerda, con el método científico empiezas con una hipótesis, luego haces un experimento para probarla, lo cual produce resultados que te llevan a una conclusión. Si tu hipótesis es refutada, ¿renuncias a la ciencia?

No. Te das cuenta de que debes formular una hipótesis diferente, por lo que haces más preguntas y buscas una comprensión más profunda. Luego, planteas una nueva hipótesis y realizas otra prueba para ver si esta vez acertaste.

¿Por qué los cristianos no usamos ese enfoque en nuestra fe?

Si nos enfrentamos a un desafío a nuestras creencias sobre Dios, no renunciamos a él. Lo vemos como una oportunidad para fortalecer nuestra fe. Así que hacemos más preguntas, profundizamos en lo que dice la Biblia y buscamos conocer mejor quién es Dios.

> **SI NOS ENFRENTAMOS A UN DESAFÍO A NUESTRAS CREENCIAS SOBRE DIOS, NO RENUNCIAMOS A ÉL. LO VEMOS COMO UNA OPORTUNIDAD PARA FORTALECER NUESTRA FE.**

No nos alejamos de Dios solo porque algo no salió exactamente como pensábamos. Somos conscientes de que Dios y su Palabra son infalibles, pero que nuestro entendimiento sí es falible. Aplicamos el enfoque científico a nuestra fe.

¿Te has dado cuenta de cómo nuestra comprensión cambia a menudo con el tiempo? Antes, los científicos pensaban que la Tierra era plana, que la sangría mediante sanguijuelas eran el mejor tratamiento para las enfermedades y que los médicos no necesitaban lavarse las manos. Los cristianos creían que jugar cartas, bailar o ir al cine era pecado. Y todos pensábamos que los cuatro sabores originales de los *Pop-Tarts* eran suficientes (fresa, arándanos, azúcar morena y manzana con grosellas). (¿Manzana con grosellas? ¿Qué son las grosellas?).

¿Qué quiero decir con esto? Nunca vas a tener una claridad absoluta ni a acertar en todas las respuestas. Si eso es lo que necesitas, terminarás enfrentando problemas y más dudas. Tal como la Madre Teresa le dijo a John Kavanaugh, lo que realmente necesitas es fe, una confianza creciente en Jesús.

Fusionando la ciencia y las Escrituras

Veamos dos ejemplos de cómo la ciencia y las Escrituras pueden trabajar juntas para abordar cuestiones que, aunque a algunos les han causado dudas, en realidad pueden fortalecer nuestra fe.

El principio de todo

Uno de los mejores ejemplos de cómo la ciencia y las Escrituras se complementan es el primer versículo de la Biblia, Génesis 1:1: «En el principio Dios creó los cielos y la tierra». Hace más de tres mil años, la Biblia afirmaba lo que la ciencia confirmó en los últimos cien años: el universo tuvo un principio.

Antes de la teoría del Big Bang, la mayoría de los científicos ateos afirmaban que el universo era eterno. En el siglo XVIII, el filósofo Immanuel Kant popularizó esta idea, diciendo que el universo no tenía ni principio ni fin.[25] Los cristianos, por supuesto, siempre han creído que el universo tuvo un comienzo específico, cuando Dios lo creó.

En 1905, Albert Einstein descubrió la teoría de la relatividad, la cual afirmaba que existían leyes adicionales que regían el universo. Luego, en 1915, sus ecuaciones basadas en la teoría de la relatividad revelaron que el universo no era infinito, sino que estaba en expansión y debía haber comenzado en un momento determinado.[26]

Los científicos inicialmente se opusieron a las ideas de Einstein. ¿Por qué?

Pienso que la idea de un universo eterno les resultaba conveniente a muchos de ellos. Si el universo tuvo un principio, solo tendría sentido que un ser le hubiera dado origen. Habría que aceptar la existencia de un catalizador externo al universo que lo trajo a la existencia.

El argumento de los colegas científicos que se oponían a Einstein era que, si todo había comenzado con una explosión, debería haber radiación residual en todo el universo. Como no se detectaba esa radiación, concluían que el universo siempre había existido y, por lo tanto, no requería un creador.

Hasta 1992.

Ese año, los científicos descubrieron una radiación hasta entonces indetectable en el fondo del cosmos. Ahora, estaba claro que el universo sí tuvo un principio. George Smoot, astrónomo de la Universidad de California en Berkeley y principal científico del proyecto que descubrió la radiación, afirmó: «Lo que hemos encontrado es una prueba del nacimiento del universo... Es como mirar a Dios».[27]

La ciencia y las Escrituras parecían contradecirse, pero en este caso la ciencia confirmó lo que la Biblia siempre había dicho. Lo que parecía un conflicto era, en realidad, un malentendido.

La ciencia y las Escrituras no competían, sino que se complementaban y cooperaban.

El diseño del universo

El siguiente lugar donde la ciencia y las Escrituras se complementan es en el segundo versículo de la Biblia, Génesis 1:2: «La tierra estaba sin orden y vacía, y las tinieblas cubrían la superficie del abismo, y el Espíritu de Dios se movía sobre la superficie de las aguas». Entonces, Dios vio a Chip y Joanna Gaines en *Fixer Upper* y decidió que era hora de organizarlo todo. Diseñó todo de la manera más hermosa, para que todo funcionara a la perfección.

Es impresionante cuando lo piensas. Alguien planta una semilla en el suelo. Dios envía la lluvia desde el cielo; cae sobre la tierra, el agua se filtra en el suelo, la semilla echa raíces y, en poco tiempo, atraviesa la superficie y brota como una planta. Con más lluvia y la cantidad adecuada de sol, la planta crece y da frutos. Un animal se come los frutos, y la gente se come al animal (a menos que hayas visto ese programa de Netflix sobre por qué no deberíamos comer carne). Al final, tanto los animales como las personas regresan a la tierra, fertilizándola, y el ciclo continúa. (Mis hijos y yo aprendimos esto por primera vez en la lección del «círculo de la vida» de Mufasa a Simba).

Los científicos de hoy afirman lo que los cristianos han creído durante mucho tiempo. Han identificado lo que se llama el «principio antrópico», según el cual el universo parece estar diseñado para la vida humana. Más de un siglo de investigación en astronomía y física ha revelado que la aparición de los seres humanos y de la civilización requiere constantes físicas, leyes y propiedades que se mantienen dentro de rangos muy específicos. Esta verdad también se aplica a la galaxia y al sistema planetario. Este principio, basado en evidencia física, sitúa a la humanidad como el tema central del cosmos. A finales de 2001, los astrónomos habían identificado unas 150 constantes diferentes que están perfectamente diseñadas para sustentar la vida física inteligente en la Tierra.[28]

- Si la Tierra se inclinara sobre su eje solo un poco más o menos, todos moriríamos.
- Si la Tierra girara un poco más rápido o más lento, todos moriríamos.
- Si la distancia media de la Tierra al Sol fuera tres décimas de un 1 % más cerca o más lejos, todos moriríamos.

Por todo esto, el científico ateo, Roger Penrose, calculó que la probabilidad de que el universo tenga «accidentalmente» un diseño tan preciso como el necesario para que exista la vida humana en la Tierra es de una en $10^{10^{123}}$.[29] Es decir, una entre diez mil millones, con 123 ceros adicionales después de poner todos los ceros necesarios para representar diez mil millones. Son probabilidades imposibles. Tendrías más posibilidades de ganar la lotería diez mil veces seguidas y que te cayera un rayo cada vez que vas a cobrar el boleto ganador.

El salmista escribió: «Los cielos proclaman la gloria de Dios, y el firmamento anuncia la obra de Sus manos» (Sal 19:1). Hoy en día, la ciencia nos ayuda a comprender hasta qué punto esto es cierto.

Espero que veas cómo la ciencia, en lugar de hacerte cuestionar tu fe, puede aumentar tu confianza en ella.

Aunque hay algunos científicos conocidos que atacan la fe cristiana, hay muchos otros que la defienden.

En lugar de que la ciencia aleje a los creyentes de su fe, la fe de los creyentes puede llevar a los científicos a la fe.

EN LUGAR DE HACERTE CUESTIONAR TU FE, LA CIENCIA PUEDE AUMENTAR TU CONFIANZA EN ELLA.

(Una rápida búsqueda en Internet sobre científicos de renombre y la fe cristiana revela citas sorprendentes de Robert Boyle, Michael Faraday, Isaac Newton y Carl Gauss, por mencionar algunos).

¿En qué crees?

Francis Collins es médico genetista. Dirigió el Proyecto del Genoma Humano como director del Instituto Nacional de Investigación del Genoma

Humano y posteriormente fue nombrado director de los Institutos Nacionales de Salud, cargo que desempeñó de 2009 a 2021 bajo tres presidentes.

Se crio al margen de la iglesia y sin fe. Increíblemente inteligente, obtuvo un doctorado en química de Yale y más tarde se graduó como médico en la Universidad de Carolina del Norte. Ateo convencido, Collins creía que la ciencia ofrecía todas las respuestas que una persona podría necesitar. Comentaba que en la universidad evitaba a los cristianos porque le parecían raros.

Pero entonces ocurrió algo.

En su tercer año de medicina, comenzó a sentarse junto a la cama de pacientes terminales que se enfrentaban a la muerte. Quedó perplejo al ver que muchos de ellos sentían paz. Collins recuerda: «Hablaban de su fe, y yo pensaba: *¿Por qué no están enojados con Dios? ¿Por qué no agitan el puño ante lo que Dios les ha hecho?*».

Collins no lo entendía. «Estaban en paz. Sentían que Dios había sido bueno con ellos. Se sentían bendecidos y esperaban con ansias lo que vendría después. Desde mi punto de vista, yo no esperaba con ansias lo que viniera después. Eso me preocupaba un poco».

Una anciana padecía una enfermedad cardiaca que le producía intensos dolores en el pecho. No había nada que los médicos o la medicina pudieran hacer por ella.

Collins la observaba durante cada episodio de intenso dolor en el pecho y notó: «Ella oraba con un fervor que nunca había visto. Luego, lograba sobreponerse al dolor y seguía en paz».

Día tras día, la mujer compartía su fe con Collins hasta que, finalmente, le preguntó: «Doctor, le he hablado de mi fe y parece que usted se preocupa por mí. ¿En qué cree usted?».

Fue como un puñetazo repentino en el estómago para Collins; comprendió que nadie le había hecho esa pregunta antes y, lo que era aún más sorprendente, él no tenía una respuesta. Balbuceó: «Bueno, creo que realmente no lo sé». Más tarde escribió: «Me di cuenta de que había descuidado la pregunta más importante que cualquier persona puede hacerse: ¿Existe Dios, y ese Dios se preocupa por mí?».

Ese momento lo llevó a un viaje en el que exploró las religiones del mundo y terminó leyendo un libro de C. S. Lewis titulado *Mero cristianismo*.

Un día, mientras caminaba por la belleza de la creación divina en las montañas Cascade, Collins cayó de rodillas y le dijo a Jesús: «Lo entiendo. Soy tuyo. Quiero ser tu seguidor desde ahora y para siempre».[30]

La ciencia le había dado respuestas, pero no le dio la respuesta.

La ciencia no le ofreció una solución a su problema de pecado.

La ciencia no le brindó algo en lo cual pudiera depositar su confianza.

La ciencia no le dio el amor incondicional y perfecto que anhelaba.

Finalmente, encontró algo –o mejor dicho, alguien– que podía darle todo eso. Jesús.

En su libro de 2006, *The Language of God: A Scientist Presents Evidence for Belief*, afirma lo siguiente:

¿Daremos la espalda a la ciencia porque se percibe como una amenaza a Dios, abandonando así toda la promesa de avanzar en nuestra comprensión de la naturaleza y aplicarla al alivio del sufrimiento y a la mejora de la humanidad? O, por el contrario, ¿daremos la espalda a la fe, concluyendo que la ciencia ha hecho que la vida espiritual ya no sea necesaria y que los símbolos religiosos tradicionales pueden ser sustituidos por la ilustración de la doble hélice en nuestros altares? Ambas opciones son profundamente peligrosas. Ambas niegan la verdad. Ambas disminuirán la nobleza del ser humano. Ambas serán devastadoras para nuestro futuro. Y ambas son innecesarias. El Dios de la Biblia es también el Dios del genoma. Se le puede adorar tanto en la catedral como en el laboratorio.[31]

La ciencia es buena. Y la ciencia no está en conflicto con la fe ni con la Biblia.

La ciencia puede darte algunas respuestas sobre el mundo natural, pero estoy convencido de que lo que realmente necesitas es un encuentro verdadero y una relación eterna con un Dios sobrenatural.

La ciencia no puede ofrecerte eso.

La fe sí.

¿Dónde estabas tú cuando
Yo echaba los cimientos de la tierra?
Dímelo, si tienes inteligencia.
¿Quién puso sus medidas? Ya que sabes.
¿O quién extendió sobre ella cordel?
¿Sobre qué se asientan sus basas,
O quién puso su piedra angular
Cuando cantaban juntas las estrellas del alba,
Y todos los hijos de Dios gritaban de gozo?
—Job 38:4-7

EJERCICIO DEL CAPÍTULO 9

1. ¿Cuál fue tu primera experiencia en la que alguien desafió tu fe utilizando la ciencia? ¿Qué sucedió y cómo respondiste?

2. ¿Por qué crees que la ciencia y la Biblia a menudo parecen competir por la verdad?

3. ¿Qué opinas de la afirmación de que Dios se ha revelado a sí mismo a través de la naturaleza y de las Escrituras como «el libro del *mundo* de Dios y el libro de la *Palabra* de Dios»?

4. Al creer que Dios es el Creador, ¿por qué sería importante entender que la verdad se encuentra tanto en la ciencia como en la Biblia?

5. ¿Qué opinas de la afirmación de que la ciencia se enfoca en lo que se puede observar, mientras que la fe se basa en lo que *no se puede* observar?

6. Después de leer el testimonio de Francis Collins y la pregunta de la paciente cristiana, ¿por qué crees que aceptar el Evangelio siempre requiere recibir el amor de Dios por fe y no solo aclarar hechos y respuestas?

7. ¿Cómo te ayudan descubrimientos como el principio antrópico y testimonios como el de Francis Collins a profundizar tu fe en las verdades de la Biblia?

8. ¿Cómo podría un mayor conocimiento y comprensión de la Biblia ayudarte a enfrentar los desafíos de la fe, incluidos los de la comunidad científica?

9. ¿Cuál es tu respuesta a la frase de Collins: «El Dios de la Biblia es también el Dios del genoma. Se le puede adorar tanto en la catedral como en el laboratorio»?

10. ¿Qué es lo que más te ha gustado de este capítulo?

CAPÍTULO 10

¿Por qué me amaría Dios?

Cuando puse mi fe en Jesús, dejé de ir a los bares.

Pero unos meses después, regresé.

¿Por qué?

Porque a la gente borracha le gusta hablar de Dios.

Por eso iba a los bares.

Aunque, en realidad, no era solo por eso.

Quería contarles a aquellos que aún estaban en el mismo lugar donde yo había estado hace no mucho, cómo Jesús había cambiado mi vida. Quería que supieran lo que había encontrado.

Una noche, le estaba hablando a un hombre sobre el amor de Dios, pero como tenía un tono de voz seseante, era difícil entenderlo. Alcancé a captar algo como:

—Te quiero. Me encantaría decirte que te quiero mucho.

Le sonreí.

—Gracias —respondí.

—¿Cómo dijiste que te llamabas? —preguntó.

—Craig.

—Así que Greg...

—No, Craig.

—Craig— dijo mirándome directo a los ojos—. Te quiero. Es decir, lealmente. Te quiero mucho.

Le repetí que Dios lo amaba. Se mostró dudoso, pero interesado. De hecho, dijo:

—La música está a todo volumen. ¿Por qué no salimos para escucharte mejor?

En cuanto salimos del bar, inmediatamente escuché una voz, una voz amplificada. Al otro lado de la calle, había un remolque de plataforma con un predicador callejero subido a su plataforma portátil.

Lo primero que pensé fue: *¡Gracias a Dios! ¡Refuerzos! Estuve lidiando con este hombre adentro. Y este otro lo llevó afuera. ¡Lo pondremos en su sitio entre los dos!*

Pero no me había dado cuenta de que este tipo era uno de esos furiosos predicadores callejeros. Me señaló a mí, no a mi amigo borracho, y gritó:

—¡Te irás al infierno, pecador y fornicador!

Pensé: *Amigo, no. Yo era un pecador y fornicador camino al infierno, pero ya no. Ahora voy al cielo. Pero este tipo se va al infierno. Y por eso estoy aquí, tratando de ayudar a este amigo borracho.*

No logré convencer al Predicador Callejero Furioso. Señalándome de nuevo, gritó aún más fuerte.

—¡No! ¡Te irás al infierno a menos que dejes de pecar y te arrepientas!

El Amigo Borracho, a quien ya mencioné que me quería mucho, me miró, luego miró al tipo y dijo:

—No. ¡No! ¡Digo que no! Noooo irá al infierno.

Luego señaló al Predicador Callejero Furioso y anunció:

—Tú eres el que se irá al infierno. ¡Porque estoy a punto de enviarte allá!

El Amigo Borracho empezó a correr hacia el escenario improvisado del Predicador Callejero Furioso. De alguna manera, logró avanzar y yo lo seguí. Afortunadamente, no iba en línea recta, así que lo alcancé bastante rápido, lo agarré e intenté calmarlo:

—Amigo, no puedes ir por ahí pegándole a la gente.

Lo que dijo entonces me sorprendió. El Amigo Borracho pasó de estar cariñoso a enfadado y triste al mismo tiempo, y dijo entre sollozos:

—¡Ya ves! Sabía que Dios no me quiere. Te lo dije... ¿cómo te llamabas?

—Craig.

—¡Sí! ¡Tienes razón! Te lo dije, Greg.

—Es Craig.

—Sí, sí. Te dije que Dios no me ama en lo más mínimo. —Amigo Borracho empezó a llorar—. He hecho muchas cosas malas. Dios nunca podría amarme.

—No —insistí—, Dios sí te ama.

—No, Craig, no soy nadie. He pecado demasiado. Solo soy un pecador.

Cuanto más gritaba, más trataba yo de convencerlo:

—No, amigo, debes entenderlo. Dios te ama.

—No, Craig, no me ama. No me ama.

Aunque sabía que su pensamiento de que «Dios no me ama» era erróneo desde el punto de vista bíblico y teológico, entendía por qué le resultaba fácil creerlo.

Cuando he contado esta historia, he omitido un detalle importante: al igual que mi amigo borracho, yo también he luchado por creer que Dios me ama.

He sido pastor por más de treinta años y, cuando las personas se abren a mí, descubro que esta es una de las dudas más comunes y desgarradoras que tienen. Mucha gente está convencida de que *Dios puede amar a todos los demás, pero no hay forma de que me ame a mí.* De alguna manera, muchos de nosotros parecemos habernos tragado la mentira de que todos los versículos de la Biblia que dicen «Dios nos ama», tienen una sola excepción.

Cuando hago preguntas y trato de profundizar en esa duda, por lo general encuentro dos creencias distorsionadas:

1. Soy demasiado insignificante.
2. Soy demasiado pecador.

Pero soy demasiado insignificante

La pregunta común es: «¿Quién soy yo para ser amado por Dios?».

Aaron tenía unos treinta años y trataba de recuperarse de un divorcio doloroso que, según él mismo admitió, fue en gran parte culpa suya. Tras cinco años de matrimonio y dos hijas, Aaron me dijo que se sentía aburrido. En vez de buscar actividades divertidas con su esposa o dedicarse a un nuevo pasatiempo, Aaron volvió a su viejo hábito de ver pornografía. Al principio solo miraba, pero, como suele ocurrir, pronto no le bastó con eso y empezó a involucrarse en otras cosas. Esforzándose por contener las lágrimas, Aaron me contó sus numerosos pecados sexuales. Su mujer lo sorprendió la primera vez y, aunque quedó destrozada, intentó perdonarlo para salvar su matrimonio por el bien de sus hijas. Sin embargo, cuando lo sorprendió por segunda vez, le pidió el divorcio.

—Con todo lo que he hecho —murmuró Aarón, casi para sí mismo—, «¿quién soy yo para ser amado por Dios?».

Ese es un sentimiento que fácilmente puede convertirse en una duda que acecha en las sombras de nuestra mente. Pero el problema es que las dudas rara vez se quedan solo en eso; con el tiempo pueden transformarse en creencias tóxicas, cada vez más difíciles de superar para la fe.

Si te sientes identificado con lo que le pasó a Aaron, tengo buenas noticias para ti: si no estás seguro de que Dios pueda amarte, es porque estás pensando en el tipo de amor equivocado.

> **SI NO ESTÁS SEGURO DE QUE DIOS PUEDA AMARTE, ES PORQUE ESTÁS PENSANDO EN EL TIPO DE AMOR EQUIVOCADO.**

Es importante entender que existen dos tipos de amor.

EL PRIMERO ES UN AMOR QUE AMA PORQUE EL OBJETO ES VALIOSO. Este es el tipo de amor más común: nos sentimos atraídos por algo porque lo consideramos costoso, importante o atractivo. Por eso las adolescentes adoran a Tom Holland, y tu vecina adora sus nuevas encimeras de mármol y tu compañero de trabajo adora el auto deportivo que compró en medio de su crisis de la mediana edad. Por eso, cuando eras pequeño, te encantaba tu muñeca Barbie o tu colección de láminas de béisbol. Este primer tipo de amor, el que vemos todo el tiempo, ama porque el objeto tiene valor para la persona.

Este es el tipo de amor que ha llevado a muchos de nosotros a sentirnos sin valor y sin ser amados. Tal vez no eras lo suficientemente atractivo, atlético, talentoso o inteligente. Eso era desalentador, pero más desalentadora era la reacción de los demás. Nunca fuiste tan popular como querías y tu familia parecía siempre decepcionada de ti. Por eso, no podías ni imaginar lo lejos que estabas de cumplir con las expectativas de Dios. Te resignaste a la idea de que nadie podía amarte de verdad porque no tenías suficiente valor.

Afortunadamente, existe un segundo tipo de amor.

EL SEGUNDO TIPO DE AMOR OTORGA VALOR AL OBJETO AMADO.

No ama porque el objeto ya sea valioso sino que, al contrario, le da valor.

Déjame explicarte a qué me refiero.

Piensa por un momento en tu juguete favorito de la infancia. Tal vez era un osito, un mono de peluche o una mantita. Probablemente no te costó mucho al principio, y seguramente terminó bastante desgastado. Tal vez lo arrastrabas tanto que se rompió o se llenó de agujeros. Tu peluche puede haber empezado a oler mal porque lo abrazabas y sudaste sobre él durante las calurosas noches de verano. Podrías haber jugado con él en el jardín, ensuciándolo y manchándolo. Sin embargo, aunque tu juguete tenía defectos, lo seguías amando.

Mi peluche era un oso llamado Bobby.

Para que quede claro, mi oso no tenía nada de valioso. No era caro, no era de colección, ni hablaba o emitía música.

Pero yo amaba al oso Bobby.

Te contaré un secreto: ¡todavía tengo a Bobby! Tengo más de cincuenta años, estoy casado, tengo seis hijos, un montón de nietos y, aún así, conservo a ese oso de peluche harapiento de mi infancia. Y cuando digo harapiento, lo digo en serio: a Bobby se le ha caído el pelo en varias partes y tiene los ojos torcidos. ¿Por qué? Porque en una ocasión perdió un ojo (¡qué horror!) y tuve que pedirle a mi mamá que se lo volviera a coser, algo que hizo con un éxito moderado. La nariz de Bobby debía ser negra, y la razón por la cual sigue siendo negra es porque, cuando era niño, usé un marcador mágico para pintarla de negro (no hace poco, sino cuando era niño).

Bobby y yo pasamos muchos años juntos.

Hoy en día, si intentara vender a mi oso en una venta de garaje, dudo que alguien me pagara ni siquiera 25 centavos por él.

Mi oso puede ser un desastre, ¡pero lo amo! ¿Y para quién es valioso Bobby? Para mí. Si alguien me preguntara su valor, diría que «no tiene precio». Tal vez nadie más entienda esto, pero yo sí. No amo a Bobby porque sea valioso; amo a Bobby porque es mi oso. Mi amor le da valor. Así es exactamente como Dios te ama.

¿Lo entendiste? Esta es la verdad bomba que más cambia vidas, así que quiero que la leas otra vez: así es como Dios *te* ama.

Al igual que yo, tú también tienes defectos. Estás roto, herido, y tal vez no te sientes lo suficientemente atractivo, atlético, talentoso o inteligente. Pero eso no importa. Puede que seas un oso viejo y harapiento, pero eres el oso viejo y harapiento de Dios.

Puede que no sientas que tienes el valor suficiente para ser amado, pero eso no afecta el amor de Dios por ti. El amor de Dios es el segundo tipo de amor, lo que significa que su amor te da valor. Él te ama no porque seas digno, sino porque eres suyo.

> **DIOS TE AMA NO PORQUE SEAS DIGNO, SINO PORQUE ERES SUYO.**

Y Dios le dio valor a tu vida, demostrando lo valioso que eres, al renunciar a lo que era más valioso para él. Eso es lo que leemos en Romanos 5:6-8. Permíteme compartir mi paráfrasis de ese pasaje: «Verás, en el momento justo, cuando éramos un completo desastre que nadie hubiera considerado digno, Cristo murió por los que estaban completamente perdidos. Rara vez alguien estaría dispuesto a dar algo importante por alguien insignificante, aunque podría atreverse a hacerlo por una persona valiosa. Pero Dios demuestra lo valiosos que somos para él: cuando aún no teníamos valor, entregó lo más preciado —Jesús— por nosotros».

Nuestra primera creencia distorsionada es: «Soy demasiado insignificante». La segunda es: «Soy demasiado pecador».

Soy demasiado pecador

La creencia común es «Soy demasiado pecador para ser amado por Dios».

Lo he escuchado muchas veces. Lo he sentido muchas veces.

Pero, cuando dudamos de que Dios pueda amarnos a causa de nuestro pecado, estamos entendiendo mal su amor y olvidando algo fundamental de ese amor. ¿Por qué?

Porque el amor de Dios no solo nos da valor, sino que también cubre nuestro pecado. Como dice 1 Pedro 4:8: «El amor cubre multitud de pecados».

Si te preguntas qué significa «cubre nuestros pecados» o por qué es importante, te propongo una analogía: imagina que tú y un amigo se van de viaje. El primer día, en la primera parada, buscas tu billetera y te das cuenta de que no está. La buscas por todos lados, pero no la encuentras. Entras en pánico y dices: «Ay, no! ¡Esto es lo último que necesitaba! No voy a poder pagar nada en este viaje. ¿Qué voy a hacer?». Entonces tu amigo te dice: «Tranquilo, no te preocupes. Yo me hago cargo». Y luego agrega: «Yo te cubro».

Cuando no podíamos pagar la deuda de nuestro pecado, Jesús nos cubrió. Su sacrificio en la cruz y su resurrección abrieron un camino.

¿No es asombroso? Dios no solo nos ama a pesar de nuestro pecado; su amor es tan poderoso que lo *cubre*. Fue por eso que Jesús vino por nosotros. Eso fue lo que vino a hacer. «En esto se manifestó el amor de Dios en nosotros, en que Dios ha enviado a Su Hijo unigénito al mundo para que vivamos por *medio de* Él. En esto consiste el amor: no en que nosotros hayamos amado a Dios, sino en que Él nos amó a nosotros y envió a Su Hijo *como* propiciación por nuestros pecados» (1 Jn 4:9-10).

Cuando ponemos nuestra fe en el sacrificio de Jesús, él expía nuestros pecados, es decir, los cubre. Esto significa que Dios no nos echa en cara nuestros pecados.

Estos versículos son poderosos, pero quizá lo sean aún más si pensamos en quién los escribió. Juan era uno de los discípulos de Jesús, pero nadie habría pensado que fuera «material de discípulo». Él y su hermano Santiago, también elegido por Jesús:

- No se graduaron entre los primeros de su clase.
- No figuraron en la lista de los de mejor conducta.
- No recibieron insignias de mérito del rabino local.

Probablemente, Juan y Santiago eran imprudentes, rudos y escandalosos. Apuesto a que maldecían incluso durante una tormenta. Hablando de tormentas, Jesús les puso un apodo. No los llamaba «Hermanos de la Biblia» o «Hermanos Dulces». Marcos 3:17 dice: «a quienes puso por nombre Boanerges, que significa "Hijos del Trueno"». Suena más como un equipo de lucha libre profesional. (No te apodan así por usar chalecos de color pastel y mocasines, conducir una Vespa y disfrutar de tostadas con aguacate. Yo me imagino a dos tipos vestidos de cuero, conduciendo Harleys y metiéndose en peleas de bar. Quizás incluso golpeando a un predicador callejero furioso).

No sabemos con certeza por qué Jesús los llamó Hijos del Trueno, pero Lucas 9 da una pista bastante buena. Jesús entró a una ciudad y sus habitantes «no lo recibieron» (v. 53). El versículo siguiente revela la respuesta de los Hijos del Trueno. No dijeron: «¡Hagámosles unos brownies y los conquistaremos con amabilidad». No. Dijeron: «Señor, ¿quieres que mandemos que descienda fuego del cielo y los consuma?» (v. 54). No planeaban matar con amabilidad, ¡simplemente querían matarlos! (Sabes que estos dos eran muy confiados si creían que podían hacer caer fuego del cielo).

Así eran los Hijos del Trueno. Encontraban problemas dondequiera que iban, y si no los encontraban, los creaban.

Juan, que era uno de esos hermanos bombásticos, tenía serios problemas con el pecado. Me imagino que se sorprendió mucho cuando Jesús lo eligió para ser uno de sus seguidores. Probablemente no podía entender cómo Jesús —Dios hecho carne— podía amarlo a pesar de sus pecados. Hasta que finalmente, tres años más tarde, estaba junto a la madre de Jesús al pie de la cruz. Me pregunto si pensó: *Ahora lo entiendo. Dios mostró su amor —incluso por pecadores como yo— enviando a Jesús para que fuera nuestro sacrificio expiatorio. Él muere para cubrir mis pecados. Eso es lo mucho que Dios me ama.*

Y eso es también lo mucho que Dios te ama.

Dios es amor

Estaba teniendo una conversación agradable con el hombre que estaba sentado a mi lado en un avión. Nos llevábamos bien, hasta que me hizo la temida pregunta: «¿Y a qué te dedicas?».

¿Por qué es una pregunta complicada?

Porque las reacciones que recibo al decir que soy pastor no son muy distintas de las que obtendría si dijera: «¿Conoces esos correos electrónicos de estafa que recibes de un príncipe nigeriano? Bueno, yo soy quien los envía».

Después de un suspiro resignado, respondí:

—Bueno, soy pastor de una iglesia.

Esperaba que él me sorprendiera con algo como: «¿Un pastor? ¡Eso es fantástico! No creo en Dios, pero quiero hacerlo. ¿Podrías explicarme quién es Jesús y lo que hizo en la cruz por mí? Y si hay agua en este avión, tal vez podrías bautizarme».

Pero no lo hizo.

Como sospechaba, su semblante cambió de inmediato y me dijo:

—Bueno, quiero que sepas que no creo en Dios. Así que no me hables de él.

Asentí.

—Entendido. Me parece razonable.

—Creo que no entendiste —replicó enérgicamente—. Dije que no creo en Dios y que no quiero hablar de él.

—Sí, te escuché —respondí con calma.

No se dio por vencido:

—Oye, ¿estás seguro de que entendiste lo que dije? No quiero que me hables de tu religión. No creo en Dios.

Pensé: *Bueno, para alguien que no quiere hablar de Dios, no dejas de mencionarlo.* Entonces, le dije, lo más amablemente posible:

—¿Por qué no me cuentas sobre el Dios en que no crees?

—¡Lo haré! —respondió casi gritando—. No creo en tu Dios cerrado de mente y vengativo, que solo espera a que la gente peque y, en cuanto lo hacen, las da por perdidas y aguarda con gran placer para enviarlas al infierno.

Esperé un momento para asegurarme de que había terminado su arrebato y luego le dije:

—Pues yo tampoco creo en ese Dios.

No sabía si estaba más sorprendido o desconfiado, pero me preguntó:

—¿Cómo? ¿Qué quieres decir?

—Cuando leo la Biblia, encuentro un Dios que te ama. Tal vez hayas escuchado eso antes, quizás toda tu vida. Bueno, es verdad, pero es más grande que eso. Mucho más grande. Porque Dios no solo te ama; Dios es amor. El amor no es solo algo que Dios hace. El amor es lo que Dios es».

¿No es increíble?

Dios es amor. Como dijo uno de los Hijos del Trueno en 1 Juan 4:8: «Dios es amor».

> **EL AMOR NO ES SOLO ALGO QUE DIOS HACE. EL AMOR ES LO QUE DIOS ES.**

Eso significa que el amor no es solo una característica de Dios. Fíjate en mí, por ejemplo. Si le preguntas a la gente que me conoce, podrían decir: «Craig es amoroso». Pero no siempre lo soy. Digamos que tengo mis momentos en los que no lo soy.

Dios, en cambio, no solo es amoroso; él *es* amor. Eso significa que siempre actúa con amor. Es su esencia. Nunca hay un momento en el que no sea amor.

Dios es amor. Todo lo que dice y hace fluye de su amor. Porque él es amor.

Primera de Corintios 13 es a menudo llamada el «capítulo del amor», porque en él Pablo nos presenta la meta de cómo debemos amar a los demás en y a través de Cristo. Pero solo hay uno que ha amado de manera perfecta en cada momento de su vida: Jesús, quien te ama así hoy. Jesús es paciente y bondadoso; no tiene envidia, no es arrogante, no es orgulloso, no deshonra a los demás, no es egoísta, no se irrita fácilmente y —esta es una gran noticia— no toma en cuenta el mal recibido. Siempre protege, siempre confía, siempre espera, siempre persevera. Su amor nunca falla (vv. 4-8).

Dios es amor, y su amor por ti es incondicional. No depende de que cumplas sus mandamientos. Él es amor y te ama tanto cuando cumples sus condiciones como cuando no lo haces. No puedes ganarte su amor, ni tampoco puedes pecar lo suficiente como para alejarte de él. No hay nada que puedas hacer para que te ame más, ni nada que puedas hacer para que te ame menos. De hecho, nunca podrás ser más amado de lo que ya eres ahora mismo.

Dios es amor, lo que significa que su amor por ti es indestructible, invencible e inagotable. Su amor no huye ni se agota, no se va ni se pierde, no explota ni se rinde. Puedes confiar plenamente en él. Pablo también nos dice esto sobre el amor de Jesús:

¿Quién nos separará del amor de Cristo? ¿Tribulación, o angustia, o persecución, o hambre, o desnudez, o peligro, o espada? Tal como está escrito: «POR CAUSA TUYA SOMOS PUESTOS A MUERTE TODO EL DÍA; SOMOS CONSIDERADOS COMO OVEJAS PARA EL MATADERO». Pero en todas estas cosas somos más que vencedores por medio de Aquel que nos amó. Porque estoy convencido de que ni la muerte, ni la vida, ni ángeles, ni principados, ni lo presente, ni lo por venir, ni los poderes, ni lo alto, ni lo profundo, ni ninguna otra cosa creada nos podrá separar del amor de Dios que es en Cristo Jesús Señor nuestro.

—ROMANOS 8:35-39

Al que Jesús ama

Cuando superas tus dudas y aceptas el amor de Dios por ti, tu vida cambia por completo. Eso es lo que le sucedió a Juan.

Un día, en una playa, Jesús invitó a Juan a seguirlo. Juan aceptó y empezó a pasar todos sus días con él. Jesús sabía que Juan era un Hijo del Trueno y conocía bien su pasado, pero aun así lo amaba. Al principio, era difícil de creer, pero con el tiempo, el amor de Jesús se volvió tan evidente que no pudo negarlo. Tanto fue así que la forma en que Juan se veía a sí mismo cambió por completo.

¿Cómo lo sabemos?

Porque en su evangelio, Juan se refiere a sí mismo cinco veces como «el discípulo a quien Jesús amaba» (Jn 13:23; 19:26; 20:2; 21:7; 21:20).

Ya no se veía como el pandillero, el exaltado, el que metía la pata o instigaba problemas. Nada de eso importaba ya. Eso ya no era su identidad. Ahora era aquel a quien Jesús amaba.

Lo mismo pasa contigo.

No importa lo que diga tu familia sobre ti, lo que te hagan sentir tus compañeros de escuela, lo que piense tu jefe o lo que hayas hecho en el pasado...

Tú eres a quien Jesús ama.

Tal vez quieras detenerte un momento, cerrar los ojos y decir en voz alta: «Yo soy a quien Jesús ama». Dilo con toda la convicción que puedas, porque es verdad: «Yo soy a quien Jesús ama».

Él te ama, y vino por ti.

Jesús dijo que si un pastor tiene cien ovejas y una de ellas se pierde, dejará las noventa y nueve para ir a buscarla (Mt 18:12-13).

¿Por qué?

Porque él ama a la oveja perdida tanto como a las noventa y nueve que se quedaron en el rebaño. Porque extraña a la que falta.

TÚ ERES A QUIEN JESÚS AMA.

Tú has sido elegido.

Si te has alejado de él o si tus dudas te han llevado lejos, él te extraña y va a buscarte. Va por ti, porque te ama.

Tú eres a quien Jesús ama.

Tú has sido elegido

Volvamos ahora a la historia cuando estaba afuera del bar con el Amigo Borracho, a quien tuve que impedirle que golpeara al Predicador Callejero Furioso. (Lo cual, mirando hacia atrás, no habría sido lo peor. ¡Estoy bromeando!).

El Amigo Borracho me decía que Dios no lo amaba, y yo insistía en que sí.

—¡Dios te ama!

—No, no te ama

—Sí, Dios te ama.

De repente, sentí que el Espíritu Santo me guiaba. Me dolía ver a este hombre tan convencido de que Dios no podía amarlo. Sentí el impulso de seguirle la corriente y darle la razón. El Amigo Borracho gritó:

—¡No, no me ama!

Y le respondí:

—¿Sabes qué? Puede que tengas razón.

Fue como si se le pasara la borrachera en una fracción de segundo.

—¿Eh? Espera. ¿Qué dijiste?

—Dije que probablemente tengas razón. Es posible que Dios no te ama.

Estaba confundido.

—Bueno, ¿podría amarme?

—No —le dije—. Dios ama a todos los demás, pero no a ti. Tú eres la excepción. Has pecado demasiado.

—Pero... pero... —El Amigo Borracho comenzaba a reconsiderarlo—. Pero Dios podría perdonarme.

Negué con la cabeza.

—No, no creo que lo haga.

—¡¿Qué?! ¿Por qué no? Creo que podría hacerlo. Dios me ama y me perdonará. Por Jesús, ¿verdad?

Fue lo más asombroso que he visto. ¡El Amigo Borracho se llevó a sí mismo a Cristo! Se predicó el evangelio a sí mismo y luego oramos juntos por su salvación.

Durante años, él estaba convencido de que era la excepción a la verdad del amor de Dios, hasta que lo ayudé a ver que, en realidad, era a quien Jesús había venido a buscar.

Me mantuve en contacto con él (ahora, simplemente, «Amigo», no más «Borracho»). Dos años después, ¡era pastor voluntario de jóvenes! Su vida cambió por completo al darse cuenta de que Dios no solo ama, sino que es amor, y su amor nos da valor y cubre una multitud de pecados.

Así es como Dios te ama.

No eres insignificante para él.

No eres demasiado pecador para que él te salve.

Entiendo tus dudas, pero no importa quién seas ni lo que hayas hecho. Puedo asegurarte esto: tú has sido elegido.

Tú eres por quien Jesús dejaría a las noventa y nueve para ir a buscar.

Por ti iría a la cruz, para expiar todos tus pecados.

Tú eres a quien Jesús ama.

> *También ruego* que arraigados y cimentados en amor, ustedes sean capaces de comprender con todos los santos cuál es la anchura, la longitud, la altura y la profundidad, y de conocer el amor de Cristo que sobrepasa el conocimiento, para que sean llenos hasta *la medida de* toda la plenitud de Dios.
> —Efesios 3:17-19

EJERCICIO DEL CAPÍTULO 10

1. ¿Por qué crees que la realidad de nuestro pecado, sea cual sea, nos hace cuestionar si podemos ser amados por Dios?

2. ¿Alguna vez te has sentido como si fueras la excepción al amor de Dios, como si él no pudiera amarte? Explica. ¿Y cómo te sientes al respecto ahora?

3. ¿Has luchado con el sentimiento de ser demasiado insignificante? ¿Cómo ha afectado ese sentimiento tu relación con Dios?

4. ¿Qué piensas del primer tipo de amor: «Un amor que ama porque el objeto es valioso»?

5. ¿Por qué crees que este tipo de amor se ha vuelto más común en nuestra cultura, donde tantas personas se sienten no lo suficientemente atractivas, atléticas, talentosas o inteligentes?

6. ¿Qué opinas del segundo tipo de amor, el que «da valor al objeto amado»?

7. ¿Cómo podrías aceptar mejor la verdad de que el amor de Dios es lo que te da valor?

8. ¿Te ha resultado difícil aceptar la enseñanza de la Biblia de que el amor de Dios cubre tus pecados? Si es así, ¿cómo? Si no, ¿por qué?

9. ¿Te resulta útil personalizar el evangelio al entender que tú eres la persona por quien Jesús fue a la cruz y a quien Jesús ama? Explica.

10. ¿Cuál fue la lección más importante que sacaste de este capítulo?

Conclusión

DARLE A DIOS EL BENEFICIO DE LA DUDA

Imagina que estás sentado en un restaurante, esperando a un amigo para almorzar. Miras tu teléfono y notas que ya han pasado diez minutos. Tu amigo aún no llega. Vuelves a mirar para ver si te ha enviado un mensaje o te ha llamado. Nada. Pasan veinte minutos y no tienes noticias de él. Comienzas a pensar que te ha dejado plantado.

Pregunta: ¿Qué piensas de tu amigo?

Respuesta: Depende de quién sea el amigo.

¿No es así?

Con algunos amigos, pensarías: «¡No me sorprende! Este tipo siempre es así, desconsiderado y poco confiable. ¿Por qué pensé que vendría?».

Tendrías serias dudas sobre ese amigo.

Pero con otras amigas, pensarías: «Qué raro en ella. ¿Será que está enferma? Aunque me habría llamado. Espero que no haya tenido un accidente automovilístico».

A esa amiga le darías el beneficio de la duda, es decir, confiarías en ella a pesar de no tener toda la información.

La forma en que reaccionarías dependería de la relación que ya tienes con esa persona. No es algo que decidirías en ese momento, ya que tu reacción habría sido determinada por lo que ya creías sobre tu amigo o amiga.

En la historia del Antiguo Testamento de Job, él lo pierde todo. Está angustiado y confundido y, de manera comprensible, comienza a cuestionar a Dios. Sin embargo, en medio de su dolor y dudas, sigue confiando en él, incluso sin entender lo que está sucediendo. A pesar de su sufrimiento, se aferra a su fe y dice con valentía: «Aunque él me mate, en Él esperaré» (Job 13:15), y «Yo sé que mi Redentor vive, y que al final se levantará sobre el polvo» (Job 19:25).

Me encanta que Job tuviera dudas, como todos las tenemos a veces, pero no permitió que sus dudas definieran su concepto de Dios. Job dudaba, pero aun así seguía confiando en Dios, porque no lo juzgaba solo por lo que estaba pasando en esos momentos. Job ya había decidido en que creía.

Al leer la historia de Job, podemos ver que había dedicado su vida a conocer a Dios. Su relación con Dios era genuina y personal.

Y como ya había definido quién era Dios para él, cuando se enfrentó a tiempos difíciles y dudas angustiantes, aún pudo darle el beneficio de la duda.

¿Y tú?

Cuando enfrentamos luchas, preguntas y dudas, ¿permitimos que eso defina quien creemos que es Dios?

La buena noticia es que, sin importar cuál sea tu respuesta, puedes, como Job, darle a Dios el beneficio de la duda.

Porque todos lidiamos con dudas. Hemos aprendido que es completamente normal tener preguntas. Al igual que Job, debemos sentirnos con libertad para preguntar, pero, al mismo tiempo, podemos darle a Dios el beneficio de la duda.

Respuestas o la respuesta

Me parece fascinante que Job le hiciera preguntas a Dios y que Dios se hiciera presente.

Pero Dios no le dio a Job ninguna respuesta directa. De hecho, le respondió con un montón de preguntas retóricas.

Esto me recuerda otro pasaje en la Biblia.

En Juan 11, alguien le avisa a Jesús que su buen amigo Lázaro está enfermo. Lázaro es el hermano de María y Marta, quienes también son amigas cercanas de Jesús. El mensaje de las hermanas para Jesús, en el versículo 3, es: «Señor, el que amas está enfermo». Aunque Lázaro se encuentra al borde de la muerte, Jesús demora su partida por varios días. Finalmente, hace el viaje al pueblo donde vive Lázaro. Jesús llega y descubre que Lázaro ya está muerto.

Jesús es recibido por María, la hermana afligida de Lázaro. Se nos dice que ella está llorando, y otros que la acompañaban también lloraban. María, llena de dolor, le expresa su queja a Jesús: «Si hubieras estado aquí, mi hermano no habría muerto» (v. 21).

María confronta a Jesús con una acusación directa: «Jesús, ¿por qué permitiste esto?». Todos están dolidos, confundidos y llenos de preguntas. «¿No podías haber evitado esto?». Tal vez, aunque nadie lo dijo, tal vez estaban pensando: *¿Es que no te importa?*

Sorprendentemente, Jesús no responde sus preguntas.

No estoy seguro de por qué Jesús no respondió. Sabía que había razones para su retraso. Podría haber explicado que tardó en llegar para que Lázaro muriera, de modo que pudiera resucitarlo de entre los muertos. Esto estaba por suceder en cuestión de segundos: sesenta, cincuenta y nueve, cincuenta y ocho... Y, debido a la resurrección milagrosa de Lázaro, muchas más personas llegarían a la fe. Sin embargo, Jesús no ofreció ninguna explicación.

Si él puede responder, ¿por qué no lo hace?

¿Por qué Dios no nos explica todo?

Tal vez sea porque las respuestas están más allá de nuestra comprensión. O quizás Jesús quería fortalecer nuestra fe. O, lo más probable, es que hay cosas que nunca podríamos entender por completo, incluso si Dios mismo nos las explicara.

Jesús no dio respuestas claras. Entonces, ¿qué hizo?

Se hizo presente.

> TAL VEZ DIOS NO EXPLICA TODO PORQUE LAS RESPUESTAS ESTÁN MÁS ALLÁ DE NUESTRA COMPRENSIÓN.

Job buscaba respuestas. Dios le dio *la* respuesta, pero no como él esperaba.

Dios se hizo presente, y para Job, eso fue suficiente.

¿Por qué fue suficiente? Porque su relación con Dios era fuerte.

De la misma manera, la presencia de Dios puede ser suficiente para ti.

Así como Job tuvo que decidir, tú también debes hacerlo.

La tercera opción

Gracias por acompañarme hasta el final. El hecho de que hayas leído todo un libro sobre dudas espirituales dice mucho de ti. Obviamente, te tomas en serio tu relación con Dios. En caso de que no lo reconozcas, eso es algo especial. Sin embargo, incluso después de leer este libro, es probable que sigas teniendo preguntas sin respuesta. De hecho, es probable que siempre tengas preguntas.

Quieres respuestas.

Se las pides a Dios.

Y él se ofrece a sí mismo.

Puede que no tengas todas las respuestas, pero tienes a Dios.

¿Qué se supone que debes hacer con él?

Tú, Habacuc.

> **CUANDO NO TIENES TODAS LAS RESPUESTAS, AÚN TIENES A DIOS.**

En algún lugar cerca del final del Antiguo Testamento, donde aparecen personajes con nombres inusuales como Abdías, Nahúm y Hageo, encuentras a Habacuc.

Habacuc fue un profeta en una época en la que el pueblo de Dios no seguía realmente a Dios. Se habían vuelto malvados, corruptos y perversos. Dios le dijo a Habacuc que, debido a su maldad, usaría a personas aún más malvadas para castigarlas.

Esto no le agradó a Habacuc.

Lo vemos pasando mucho tiempo entre quejas y preguntas. El libro comienza con Habacuc clamando al cielo: «¿Hasta cuándo, oh SEÑOR, pediré ayuda, y no escucharás? Clamo a Ti: "¡Violencia!". Sin embargo, Tú no salvas. ¿Por qué me haces ver la iniquidad, Y *me* haces mirar la opresión? La destrucción y la violencia están delante de mí, hay rencilla y surge la discordia» (Hab 1:2-3).

Él estaba preguntando honestamente: «Dios, ¿hasta cuándo tendré que ver toda esta injusticia en el mundo? Podrías hacer algo, pero no lo haces».

¿Qué haces cuando te sientes así?

Cuando tienes preguntas, pero no respuestas.

Cuando quieres confiar en Dios, pero parece que no está haciendo lo que crees que debería hacer.

Por lo general, te inclinas por una de dos opciones:

1. Niegas tu fe.
2. Niegas tus preguntas.

Con la primera opción, decides que ya no quieres a Dios. Intentaste confiar en él. Oraste. Fuiste a la iglesia. Confiabas en su pueblo. Pero te decepcionó, así que te alejas. Niegas tu fe y dejas de creer en un Dios que no te ayudó de la manera que creías que debía hacerlo.

Con la segunda opción, niegas tus preguntas. Las reprimes y finges que no existen. Haces lo posible por seguir creyendo, aunque las dudas persistan en el fondo de tu mente. Tienes preguntas que no te atreves a expresar.

Aunque ambas opciones pueden parecer tentadoras, ninguna te llevará a donde realmente quieres llegar.

Por eso tengo buenas noticias. Hay una tercera opción. Es, sin duda, la mejor opción, aunque también la más difícil.

La tercera opción es decidir: «Dios, voy a seguir confiando en ti, aunque no entienda lo que está pasando. Aunque no me guste. Te voy a dar el beneficio de la duda».

Si tomas esa decisión con fe, Dios puede llevarte a un lugar más profundo e íntimo.

Para ser claro, no estoy diciendo que, al tomar esta decisión, las cosas mejorarán de inmediato. De hecho, podrían empeorar, y tal vez sigas luchando con tu fe.

Pero si continúas buscando a Dios día a día (tal como lo has hecho al leer este libro, una página a la vez), él te llevará a un lugar de mayor confianza, una fe más fuerte y una intimidad más profunda con él de la que hayas experimentado antes.

Para llegar allí, necesitas el coraje de vivir en la tensión de esta tercera opción.

Eso es lo que hizo Habacuc. Si lees su libro en la Biblia, verás que confiaba en Dios, pero también lo cuestionaba.

Por eso su nombre es tan significativo. ¿Sabías que los nombres tienen un significado?

Mi nombre, Craig, proviene de la palabra gaélica escocesa *creag* y significa «roca». El nombre de mi esposa, Amy, proviene del latín *Amata* y significa «amada». Los nombres de mis hijos Stephen y Samuel significan «coronado» y «Dios ha escuchado», respectivamente. El nombre de mi hija Joy significa alegría.

El nombre Habacuc significa «luchar» o «abrazar».

Puede significar ambas cosas.

Y eso fue exactamente lo que hizo Habacuc.

Luchó con Dios.

Abrazó a Dios.

Tenía fe y preguntas. Ambas cosas a la vez.

Y recuerda: Habacuc fue la persona que Dios eligió para ser su profeta, para representarlo y hablar en su nombre. Era alguien a quien Dios honraba.

No pensaba que la fe fuera algo fácil. No tenía una confianza espiritual presumida ni ingenua, y tampoco andaba por ahí con una camiseta que dijera: «Dios lo dijo. Yo lo creo. Eso lo resuelve».

No estoy seguro de si a Habacuc le gustaba la ropa casual con mensajes de fe, pero si así fuera, creo que su camiseta habría dicho: «No lo entiendo. No me gusta. Pero aun así, trato de confiar en Dios».

Probablemente esa no sería una de las camisetas más vendidas hoy en día, pero así se sentía Habacuc, y así es como yo también me siento a menudo. Quiero que sepas que puedes tener fe y preguntas al mismo tiempo. Puedes luchar con Dios y, aun así, abrazarlo.

¿A quién estás abrazando?

Si decides inclinarte por esta tercera opción, ¿a quién estarías abrazando exactamente?

Estarías abrazando al Dios que te creó, porque amó la idea de ti y quería amarte y que el mundo te conociera.

Estarías abrazando al Dios que habló y creó un mundo hermoso para que lo disfrutes, llenándolo con más de cuatrocientos mil tipos de flores para que admires y ochenta tipos de galletas Oreo para que saborees. [Sin mencionar los 18 decillones de colores, es decir, un 18 seguido de treinta y tres ceros, para tu deleite visual; casi 1,2 millones de montañas para escalar; más de diez mil especies de aves para quienes disfrutan observándolas; y, por supuesto, casi la misma cantidad de secuelas de *Rápido y Furioso* para quienes disfrutan las películas de Vin Diesel].

El Dios que te dio la capacidad de reír cuando tus amigos cuentan chistes tontos, y de llorar con ellos cuando están pasando por momentos difíciles.

El Dios que, cuando tomaste decisiones autodestructivas y pecaminosas, rebelándote y alejándote de él, no te rechazó, sino que vino a rescatarte.

El Dios que, desde el momento en que naciste, ha estado trabajando a través de cada evento en tu vida (incluso aquellos que no deseabas) para tu bien y para su gloria.

El Dios que no gritó impersonalmente su amor desde el cielo, sino que lo mostró íntimamente aquí en la tierra.

El Dios que dejó la gloria de todas sus riquezas eternas y eligió vivir una vida humana para poder entender cómo es ser como tú.

El Dios que, cuando se hizo humano, eligió nacer de padres pobres y vivir una vida en la que lucharía con tentaciones, agotamiento y ansiedad, y sería rechazado por sus amigos. Todo esto, para poder relacionarse contigo y ser una fuente compasiva de fortaleza cuando te sientes frágil.

El Dios que tocó a los leprosos, dio vista a los ciegos, ayudó a los cojos a bailar, protegió a los débiles y alimentó a los hambrientos.

El Dios que modeló una vida de amor compasivo, generoso y sacrificado aquí en la tierra, y llamó a sus seguidores a imitarlo.

El Dios que se humilló y soportó la ira de aquellos a quienes había creado, para pagar la pena por sus pecados, así como por los tuyos y los míos.

Ese es el Dios que estás abrazando.

Ese es el Dios que te está abrazando.

Aunque nunca obtengas todas tus preguntas de este lado del cielo, puedes estar seguro de una cosa:

Puedes darle a Dios el beneficio de la duda.

> «Hasta ahora solo había oído de ti,
> pero ahora te he visto con mis propios ojos».
> —Job 42:5 NTV

EJERCICIO DE LA CONCLUSIÓN

1. Piensa en la analogía de darles a algunos de tus amigos el beneficio de la duda, pero a otros no. Antes de leer este libro, ¿Dios era el que no te daría el beneficio de la duda o el que sí te lo daría? Explica.

2. Teniendo en cuenta las historias de Job y Lázaro, ¿por qué crees que Dios, a veces, no ofrecía respuestas sino que simplemente se hacía presente, permitiendo experimentar su presencia?

3. ¿Estás de acuerdo con la afirmación «la presencia de Dios puede ser suficiente para ti»? ¿Por qué sí o por qué no?

4. De las dos opciones de duda: «Negar tu fe» o «Negar tus preguntas», ¿cuál ha sido tu tendencia en el pasado? Explica.

5. Considerando a Habacuc como ejemplo, ¿cómo es posible que «puedas luchar con Dios y puedas abrazarlo también»?

Ejercicio general

1. Después de haber leído este libro, ¿cuál es ahora tu postura sobre darle a Dios el beneficio de la duda?
2. ¿Hubo algún versículo o pasaje bíblico que más te impactó? Explica por qué.
3. ¿Cuál consideras que fue tu mayor aprendizaje o momento revelador mientras leías el libro?
4. ¿Tu perspectiva sobre cómo lidiar con las dudas en tu fe ha cambiado desde el momento que comenzaste a leer el libro? Explica por qué sí o por qué no.
5. ¿Los puntos tratados en este libro sobre las preguntas difíciles del cristianismo te han motivado a cambiar algo en tu relación con Dios o en tu acercamiento a él a través de Jesús? Responde de la manera más específica posible.

¿A dónde voy desde aquí?

Después de terminar este libro y completar los ejercicios, si has decidido que estás listo para renovar tu compromiso y reconstruir tu relación con Dios a través de Jesucristo, aquí tienes algunos pasos simples que puedes seguir:

Primero, la decisión más importante para mantenerte conectado con tu fe y crecer constantemente en madurez es comprometerte con los principios básicos. Los cristianos no caen moralmente ni se alejan de su fe porque no hayan resuelto su teología del fin de los tiempos o porque no puedan interpretar correctamente las imágenes del Apocalipsis. Simplemente comienzan a ignorar los principios básicos, muchas veces hasta el punto de abandonarlos.

MANTENTE CONECTADO CON LA PALABRA DE DIOS, LA BIBLIA. Ya sea que leas un versículo, un pasaje o un capítulo cada día, lo importante es ser constante. Si te saltas un día o dos, no te sientas culpable; simplemente vuelve a leer. Si no sabes por dónde empezar, el evangelio de Juan es un excelente punto de partida. Romanos también es un libro maravilloso para ayudarte a comprender lo que creemos y por qué. Ora para que el Espíritu de Dios te guíe mientras lees.

MANTENTE CONECTADO CON LA ORACIÓN, QUE ES TU CONEXIÓN DIRECTA CON DIOS. Tomar un momento durante el día para hablar con Dios y escucharlo es esencial para fortalecer tu relación con tu Padre celestial. No existen fórmulas ni palabras mágicas para orar. Sé honesto, específico, y habla como lo harías con tu mejor amigo. También es importante reservar tiempo para escuchar a Dios en tu espíritu. Aunque es ideal tener un tiempo específico para orar, también puedes susurrar oraciones breves a lo largo del día para recibir orientación, fortaleza y respuestas.

MANTENTE CONECTADO CON LA COMUNIDAD, CON UN GRUPO DE SEGUIDORES DE CRISTO. Desde la nación de Israel hasta la iglesia primitiva en Hechos, está claro que Dios nos creó para vivir y prosperar en comunidad. Estar en contacto con otros creyentes es fundamental para acelerar tu madurez espiritual y para cumplir con tu llamado. Incluso Jesús tuvo a sus doce discípulos, junto con muchos que lo seguían y compartían con él. Descubrir tu lugar en el cuerpo de Cristo a través de la guía del Espíritu Santo te ayudará a mantenerte conectado con hermanos y hermanas que aman a Jesús, te aman a ti y necesitan tu amor.

Apéndice

¡Sé fuerte y valiente! No temas ni te acobardes, porque el SEÑOR tu Dios *estará* contigo dondequiera que vayas.

—Josué 1:9

Aunque me mate en Él esperaré.

—Job 13:15

Sé que mi redentor vive, y que al final se levantará sobre el polvo.

—Job 19:25

Al SEÑOR he puesto continuamente delante de mí; porque está a mi diestra, permaneceré firme. Por tanto, mi corazón se alegra y mi alma se regocija... Me darás a conocer la senda de la vida; En Tu presencia hay plenitud de gozo; en Tu diestra hay deleites para siempre.

—Salmo 16:8-9, 11

Los cielos proclaman la gloria de Dios, y el firmamento anuncia la obra de Sus manos. *Un* día transmite el mensaje al *otro* día, y *una* noche a *la otra* noche revela sabiduría. No hay mensaje, no hay palabras; no se oye su voz. *pero* por toda la tierra salió su voz, y hasta los confines del mundo sus palabras.

—Salmo 19:1-4

Las enseñanzas del SEÑOR son perfectas; reavivan el alma. Los decretos del SEÑOR son confiables; hacen sabio al sencillo. Los mandamientos del SEÑOR son rectos; traen alegría al corazón. Los mandatos del SEÑOR son claros; dan buena percepción para vivir [...] Son más deseables que el oro, incluso que el oro más puro. Son más dulces que la miel, incluso que la miel que gotea del panal.

—Salmo 19:7-8, 10 NTV

El SEÑOR es mi pastor, nada me faltará. En *lugares de* verdes pastos me hace descansar; junto a aguas de reposo me conduce. Él restaura mi alma; me guía por senderos de justicia por amor de Su nombre. Aunque pase por el valle de sombra de muerte no temeré mal alguno, porque Tú estás conmigo; tu vara y Tu cayado me infunden aliento.

—Salmo 23:1-4

El SEÑOR es mi luz y mi salvación; ¿A quién temeré? El SEÑOR es la fortaleza de mi vida; ¿De quién tendré temor?

—Salmo 27:1

Claman *los justos*, y el SEÑOR *los* oye y los libra de todas sus angustias.

—Salmo 34:17

Dios es nuestro refugio y fortaleza, *nuestro* pronto auxilio en las tribulaciones.

—Salmo 46:1

Sin embargo, yo siempre estoy contigo; tú me has tomado de la mano derecha. Con tu consejo me guiarás, y después me recibirás en gloria [...]. Pero para mí, estar cerca de Dios es mi bien.

—Salmo 73:23-24, 28

Como un padre se compadece de sus hijos, así se compadece el SEÑOR de los que le temen; porque él sabe de qué estamos hechos, se acuerda de que somos solo polvo.

—Salmo 103:13-14

Nuestra ayuda está en el nombre del SEÑOR, Que hizo los cielos y la tierra.

—Salmo 124:8

El SEÑOR está cerca de todos los que lo invocan, de todos los que lo invocan en verdad. Cumplirá el deseo de los que le temen, también escuchará su clamor y los salvará.

—Salmo 145:18-19

Confía en el SEÑOR con todo tu corazón, y no te apoyes en tu propio entendimiento. Reconócelo en todos tus caminos, y Él enderezará tus sendas.

—Proverbios 3:5-6

Tiempo de matar, y tiempo de curar; tiempo de derribar, y tiempo de edificar;

—Eclesiastés 3:3

No temas, porque Yo estoy contigo; no te desalientes , porque Yo soy tu Dios. Te fortaleceré, ciertamente te ayudaré, sí, te sostendré con la diestra de Mi justicia.

—Isaías 41:10

Así será Mi palabra que sale de Mi boca, no volverá a Mí vacía sin haber realizado lo que deseo, y logrado el propósito para el cual la envié.

—Isaías 55:11

Porque Yo sé los planes que tengo para ustedes», declara el Señor, «planes de bienestar y no de calamidad, para darles un futuro y una esperanza. Ustedes me invocarán y vendrán a rogarme, y Yo los escucharé. Me buscarán y *me* encontrarán, cuando me busquen de todo corazón. Me dejaré hallar de ustedes», declara el SEÑOR, «y restauraré su bienestar y los reuniré de todas las naciones y de todos los lugares adonde los expulsé», declara el SEÑOR, «y los traeré de nuevo al lugar desde donde los envié al destierro.

—Jeremías 29:11-14

Por tanto, si estás presentando tu ofrenda en el altar, y allí te acuerdas que tu hermano tiene algo contra ti, deja tu ofrenda allí delante del altar, y ve, reconcíliate primero con tu hermano, y entonces ven y presenta tu ofrenda.

—Mateo 5:23-24

Pero busquen primero Su reino y Su justicia, y todas estas cosas les serán añadidas. Por tanto, no se preocupen por el *día de* mañana; porque el *día de* mañana se cuidará de sí mismo. Bástenle a cada día sus propios problemas.

—Mateo 6:33-34

Pidan, y se les dará; busquen, y hallarán; llamen, y se les abrirá. Porque todo el que pide, recibe; y el que busca, halla; y al que llama, se le abrirá.

—Mateo 7:7-8

Por tanto, cualquiera que oye estas palabras Mías y las pone en práctica, será semejante a un hombre sabio que edificó su casa sobre la roca; y cayó la lluvia, vinieron los torrentes, soplaron los vientos y azotaron aquella casa; pero no se cayó, porque había sido fundada sobre la roca. Todo el que oye estas palabras Mías y no las pone en práctica, será semejante a un hombre insensato que edificó su casa sobre la arena; y cayó la lluvia, vinieron los torrentes, soplaron los vientos y azotaron aquella casa; y cayó, y grande fue su destrucción.

—Mateo 7:24-27

A la cuarta vigilia de la noche (3 a 6 a.m.), Jesús vino a ellos andando sobre el mar. Y los discípulos, al ver a Jesús andar sobre el mar, se turbaron, y decían: «¡Es un fantasma!». Y de miedo, se pusieron a gritar. Pero enseguida Jesús les dijo: «Tengan ánimo, soy Yo; no teman». Y Pedro le respondió: «Señor, si eres Tú, mándame que vaya a Ti sobre las aguas». «Ven», le dijo Jesús. Y descendiendo Pedro de la barca, caminó sobre las aguas, y fue hacia Jesús. Pero viendo la fuerza del viento tuvo miedo, y empezando a hundirse gritó: «¡Señor, sálvame!». Al instante Jesús, extendiendo la mano, lo sostuvo y le dijo: «Hombre de poca fe, ¿por qué dudaste?».

—Mateo 14:25-31

Jesús, mirándolos, les dijo: «Para los hombres eso es imposible, pero para Dios todo es posible»

—Mateo 19:26

Cuando lo vieron, lo adoraron; pero algunos dudaron. Acercándose Jesús, les dijo: «Toda autoridad me ha sido dada en el cielo y en la tierra. Vayan, pues, y hagan discípulos de todas las naciones, bautizándolos en el nombre del Padre y del Hijo y del Espíritu Santo, enseñándoles a guardar todo lo que les he mandado; y ¡recuerden! Yo estoy con ustedes todos los días, hasta el fin del mundo.

—Mateo 28:17-20

«¿*Cómo* "si Tú puedes?"», le dijo Jesús. «Todas las cosas son posibles para el que cree». Al instante el padre del muchacho gritó y dijo: «Creo; ayúda*me en* mi incredulidad».

—**Marcos 9:23-24**

Por eso les digo que todas las cosas por las que oren y pidan, crean que *ya las* han recibido, y les serán *concedidas*. Y cuando estén orando, perdonen si tienen algo contra alguien, para que también su Padre que está en los cielos les perdone a ustedes sus transgresiones.

—**Marcos 11:24-25**

No se turbe su corazón; crean en Dios, crean también en Mí.

—**Juan 14:1**

Entonces Yo rogaré al Padre, y Él les dará otro Consolador para que esté con ustedes para siempre.

—**Juan 14:16**

Pero cuando Él, el Espíritu de verdad venga, los guiará a toda la verdad, porque no hablará por Su propia cuenta, sino que hablará todo lo que oiga, y les hará saber lo que habrá de venir.

—**Juan 16:13**

Por tanto, ahora ustedes tienen también aflicción; pero Yo los veré otra vez, y su corazón se alegrará, y nadie les quitará su gozo.

—**Juan 16:22**

Estas cosas les he hablado para que en Mí tengan paz. En el mundo tienen tribulación; pero confíen, Yo he vencido al mundo.

—**Juan 16:33**

Tomás, uno de los doce, llamado el Dídimo, no estaba con ellos cuando Jesús vino. Entonces los otros discípulos le decían: «¡Hemos visto al Señor!». Pero él les dijo: «Si no veo en Sus manos la señal de los clavos, y meto el dedo en el lugar de los clavos, y pongo la mano en Su costado, no creeré». Ocho días después, Sus discípulos estaban otra vez dentro, y Tomás con ellos. Estando las puertas cerradas, Jesús vino y se puso en medio de ellos, y dijo: «Paz a ustedes». Luego dijo a Tomás: «Acerca aquí tu dedo, y mira Mis manos; extiende aquí tu mano y métela en Mi costado; y no seas incrédulo, sino creyente». «¡Señor mío y Dios mío!», le dijo Tomás. Jesús le dijo: «¿Porque me has visto has creído? Dichosos los que no vieron, y *sin embargo* creyeron».

—Juan 20:24-29

Para que buscaran a Dios, y de alguna manera, palpando, lo hallen, aunque Él no está lejos de ninguno de nosotros.

—Hechos 17:27

Pues, desde la creación del mundo, todos han visto los cielos y la tierra. Por medio de todo lo que Dios hizo, ellos pueden ver a simple vista las cualidades invisibles de Dios: su poder eterno y su naturaleza divina. Así que no tienen ninguna excusa para no conocer a Dios.

—Romanos 1:20 NTV

Cuando éramos totalmente incapaces de salvarnos, Cristo vino en el momento preciso y murió por nosotros, pecadores. Ahora bien, casi nadie se ofrecería a morir por una persona honrada, aunque tal vez alguien podría estar dispuesto a dar su vida por una persona extraordinariamente buena; pero Dios mostró el gran amor que nos tiene al enviar a Cristo a morir por nosotros cuando todavía éramos pecadores. Entonces, ya que hemos sido hechos justos a los ojos de Dios por la sangre de Cristo, con toda seguridad él nos salvará de la condenación de Dios.

—Romanos 5:6-9 NTV

Por lo tanto, ya no hay condenación para los que pertenecen a Cristo Jesús.

—Romanos 8:1

De la misma manera, también el Espíritu nos ayuda en nuestra debilidad. No sabemos orar como debiéramos, pero el Espíritu mismo intercede *por nosotros* con gemidos indecibles. Y sabemos que para los que aman a Dios, todas las cosas cooperan para bien, *esto es*, para los que son llamados conforme a *Su* propósito. Entonces, ¿qué diremos a esto? Si Dios *está* por nosotros, ¿quién *estará* contra nosotros? El que no negó ni a Su propio Hijo, sino que lo entregó por todos nosotros, ¿cómo no nos dará también junto con Él todas las cosas?

—Romanos 8:26, 28, 31-32

¿Quién nos separará del amor de Cristo? ¿Tribulación, o angustia, o persecución, o hambre, o desnudez, o peligro, o espada? Tal como está escrito: «POR CAUSA TUYA SOMOS PUESTOS A MUERTE TODO EL DÍA; SOMOS CONSIDERADOS COMO OVEJAS PARA EL MATADERO». Pero en todas estas cosas somos más que vencedores por medio de Aquel que nos amó. Porque estoy convencido de que ni la muerte, ni la vida, ni ángeles, ni principados, ni lo presente, ni lo por venir, ni los poderes, ni lo alto, ni lo profundo, ni ninguna otra cosa creada nos podrá separar del amor de Dios que es en Cristo Jesús Señor nuestro.

—Romanos 8:35-39

Así que la fe *viene* por oír, es decir, por oír la Buena Noticia acerca de Cristo.

—Romanos 10:17 NTV

Porque por fe andamos, no por vista.

2 Corintios 5:7

Y Él me ha dicho: «Te basta Mi gracia, pues Mi poder se perfecciona en la debilidad». Por tanto, con muchísimo gusto me gloriaré más bien en mis debilidades, para que el poder de Cristo more en mí. Por eso me complazco en *las* debilidades, en insultos, en privaciones, en persecuciones y en angustias por amor a Cristo, porque cuando soy débil, entonces soy fuerte.

—2 Corintios 12:9-10

Con Cristo he sido crucificado, y ya no soy yo el que vive, sino que Cristo vive en mí; y la *vida* que ahora vivo en la carne, la vivo por la fe en el Hijo de Dios, el cual me amó y se entregó a sí mismo por mí.

—Gálatas 2:20

Por nada estén afanosos; antes bien, en todo, mediante oración y súplica con acción de gracias, sean dadas a conocer sus peticiones delante de Dios.

—Filipenses 4:6

Pero ahora él los reconcilió consigo mediante la muerte de Cristo en su cuerpo físico. Como resultado, los ha trasladado a su propia presencia, y ahora ustedes son santos, libres de culpa y pueden presentarse delante de él sin ninguna falta.

—Colosenses 1:22 NTV

Ya que han sido resucitados a una vida nueva con Cristo, pongan la mira en las verdades del cielo, donde Cristo está sentado en el lugar de honor, a la derecha de Dios. Piensen en las cosas del cielo, no en las de la tierra.

—Colosenses 3:1-2 NTV

Por esto también nosotros sin cesar damos gracias a Dios de que cuando recibieron la palabra de Dios que oyeron de nosotros, *la* aceptaron no *como* la palabra de hombres, sino como lo que realmente es, la palabra de Dios, la cual también hace su obra en ustedes los que creen.

—1 Tesalonicenses 2:13

Porque no nos ha dado Dios espíritu de cobardía, sino de poder, de amor y de dominio propio.

—2 Timoteo 1:7

Ahora bien, la fe es la certeza de lo que se espera, la convicción de lo que no se ve.

—Hebreos 11:1

Y sin fe es imposible agradar a Dios. Porque es necesario que el que se acerca a Dios crea que Él existe, y que recompensa a los que lo buscan.

—Hebreos 11:6

Acerquémonos con corazón sincero, en plena certidumbre de fe, teniendo nuestro corazón purificado de mala conciencia y nuestro cuerpo lavado con agua pura. Mantengamos firme la profesión de nuestra esperanza sin vacilar, porque fiel es Aquel que prometió. Consideremos cómo estimularnos unos a otros al amor y a las buenas obras.

—Hebreos 10:22-24

Sea el carácter de ustedes sin avaricia, contentos con lo que tienen, porque Él mismo ha dicho: «NUNCA TE DEJARÉ NI TE DESAMPARARÉ», de manera que decimos confiadamente: «EL SEÑOR ES EL QUE ME AYUDA; NO TEMERÉ. ¿QUE PODRÁ HACERME EL HOMBRE?».

—Hebreos 13:5-6

Y si a alguno de ustedes le falta sabiduría, que se *la* pida a Dios, quien da a todos abundantemente y sin reproche, y le será dada.

—Santiago 1:5

No tienen, porque no piden. Piden y no reciben, porque piden con malos propósito, para gastar*lo* en sus placeres.

—Santiago 4:2-3

Ustedes, maridos, igualmente, convivan de manera comprensiva *con sus mujeres*, como con un vaso más frágil, puesto que es mujer, dándole honor por ser heredera como ustedes de la gracia de la vida, para que sus oraciones no sean estorbadas.

—1 Pedro 3:7

Echando toda su ansiedad sobre Él, porque Él tiene cuidado de ustedes.

—1 Pedro 5:7

El Señor no se tarda *en cumplir* Su promesa, según algunos entienden la tardanza, sino que es paciente para con ustedes, no queriendo que nadie perezca, sino que todos vengan al arrepentimiento.

—2 Pedro 3:9

Si confesamos nuestros pecados, Él es fiel y justo para perdonarnos los pecados y para limpiarnos de toda maldad.

—1 Juan 1:9

En esto se manifestó el amor de Dios en nosotros: en que Dios ha enviado a Su Hijo unigénito al mundo para que vivamos por *medio de* Él. En esto consiste el amor: no en que nosotros hayamos amado a Dios, sino en que Él nos amó a nosotros y envió a Su Hijo *como* propiciación por nuestros pecados.

—1 Juan 4:9-10

Esta es la confianza que tenemos delante de Él, que si pedimos cualquier cosa conforme a Su voluntad, Él nos oye. Y si sabemos que Él nos oye *en* cualquier cosa que pidamos, sabemos que tenemos las peticiones que le hemos hecho.

—1 Juan 5:14-15

Tengan misericordia de algunos que dudan.

—Judas 22

El tabernáculo de Dios está entre los hombres, y Él habitará entre ellos y ellos serán Su pueblo, y Dios mismo estará entre ellos.

—Apocalipsis 21:3

El que estaba sentado en el trono dijo: «¡Yo hago nuevas todas las cosas!». Y añadió: «Escribe, porque estas palabras son fieles y verdaderas».

—Apocalipsis 21:5

No vi en ella templo alguno, porque su templo es el Señor, el Dios Todopoderoso, y el Cordero. La ciudad no tiene necesidad de sol ni de luna que la iluminen, porque la gloria de Dios la ilumina, y el Cordero *es* su lumbrera.

—Apocalipsis 21:22-23

Agradecimientos

Me gustaría expresar mi más profundo agradecimiento a todos mis amigos y familiares que ayudaron a hacer posible este libro.

A Amy Groeschel: eres mi mejor amiga. Gracias por servir a Jesús conmigo durante todos estos años. Te amo más hoy que nunca.

Vince Antonucci: es gratificante ver cómo nuestra amistad ha crecido a lo largo de los años. Cada libro que has tocado es indescriptiblemente mejor gracias a tu arduo trabajo, tus ideas y tu corazón por Dios y el ministerio. Gracias por compartir tus dones conmigo. Eres el más rápido y el mejor.

Robert Nolan: después de tu ayuda en los últimos libros, ahora temo hacer uno sin ti. Gracias por profundizar en el manuscrito para hacerlo más fuerte y aplicable. Tu pasión por este mensaje se refleja en cada página.

Adrianne Manning: eres la «susurradora de libros». Tu amor por estos proyectos ministeriales es incomparable. Gracias por poner todo tu corazón en cada palabra para lograr un cambio en la vida de las personas. Eres de primera clase en lo que haces y es un placer trabajar contigo.

James y Mandy Meehan: su pasión por este tema me ayudó más de lo que creen. Gracias por preocuparse por aquellos que están luchando con su fe y por ayudarlos a volver a amar a Jesús.

Katherine Fedor: gracias por detectar todos los errores que todos los demás pasaron por alto. Tu atención a los detalles honra a Dios y es una bendición para mí.

Jenn McCarty, Leanna Romoser, Emily Rowles, Mark Dawson, Sam Naifeh, Stu Adams: todos ustedes ayudaron a fortalecer este mensaje y ampliar significativamente su alcance.

Webster Younce, Brian Phipps, Curt Diepenhorst, Katie Painter y todo el equipo de Zondervan: es un verdadero honor publicar con ustedes. Tienen una misión clara en todo lo que hacen y estoy agradecido por nuestra asociación editorial.

Tom Winters: eres un excelente agente. Gracias por sortear todas las complejidades de la publicación y por trabajar arduamente para llegar a más personas a través de la palabra escrita.

A ti, lector: gracias por emprender este viaje conmigo. Oro para que continúes buscando a Jesús, sirviéndole y glorificándole. No importa lo que pase ni cómo te golpee la vida, recuerda que Jesús nunca te abandonará.

Notas

Capítulo 1: ¿Es la duda un callejón sin salida?

1. Nota del traductor: Inspirado en la famosa línea de Tom Cruise en la película *Top Gun*: «¡Tengo la necesidad... la necesidad de velocidad!». La frase hace referencia al amor por la velocidad y el peligro que expresa el personaje de Cruise, Maverick, mientras pilota aviones de combate.

Capítulo 2: ¿Hay vida después de la deconstrucción?

2. Lizzy Haseltine, «What Is Deconstruction?», en *Lifeway Research*, 19 de octubre de 2022 disponible en: https://research.lifeway.com/2022/10/19/what-is-deconstruction/.

3. Philip Yancey, *Where the Light Fell: A Memoir* (Colorado Springs: Convergent, 2023), p. 33.

4. Yancey, *Where the Light Fell*, p. 141.

5. Yancey, *Where the Light Fell*, p. 204.

6. Randy Frazee, *Think, Act, Be Like Jesus: Becoming a New Person in Christ* (Grand Rapids: Zondervan, 2014), pp. 16-17.

Capítulo 3: ¿Por qué debería creer yo que Dios es bueno?

7. Robert Burk, «The Epicurean Paradox Unpacked», en *ResearchGate*, mayo de 2023, disponible en: www.researchgate.net/publication/371166291_The_Epicurean_Paradox_Unpacked.

8. Scot McKnight, *The Jesus Creed: Loving God, Loving Others* (Brewster, MA: Paraclete, 2004), p. 263.

9. John Goldingay, citado en Scot McKnight, *The Jesus Creed: Loving God, Loving Others* (Brewster, MA: Paraclete, 2004), p. 263.

Capítulo 4: ¿Por qué Dios no responde mis oraciones?

10. «Reflections: Where Is God in the Silence?», en *C.S Lewis Institute*, 1 de julio de 2008, disponible en: www.cslewisinstitute.org/resources/reflections-julio-2008/.

11. J. D. Greear, «Are You Praying Like an Adulterer?», en *Pastor Resources*, consultado el 14 de junio de 2024, disponible en: https://pastorresources.com/answer-are-you-praying-like-an-adulterer/.

12. Timothy Keller, *Prayer: Experiencing Awe and Intimacy with God* (Nueva York: Penguin, 2014), p. 238.

Capítulo 5: ¿Por qué Dios proporcionaría solo un camino?

13. «40 citas sobre el poder transformador de la resurrección», *Communicate Jesus*, consultado el 14 de junio de 2024, disponible en: www.communicatejesus.com/post/40-quotes-life-changing-power-resurrection.

14. Si deseas explorar algunas de las evidencias de la resurrección de Jesús, puedes consultar libros como *The Case for the Resurrection of Jesus*, de Gary Habermas y Michael Licona; *The Case for Easter*, de Lee Strobel; y *The Resurrection of the Son of God*, de N.T. Wright.

Capítulo 6: ¿Por qué creer en Jesús si sus seguidores son tan hipócritas?

15. Will Heilpern, «Eighteen False Advertising Scandals That Cost Some Brands Millions», en *Business Insider*, consultado el 31 de marzo de 2016, disponible en: www.businessinsider.com/false-advertising-scandals-2016-3.

16. DC Talk, *Jesus Freaks* (Washington, DC: Eagle, 2004), p. 49.

17. Patrick Healy, «The Fundamental Attribution Error: What It Is and How to Avoid It», en *Business Insights* (blog), Harvard Business School, consultado el 8 de junio de 2017, disponible en: https://online.hbs.edu/blog/post/the-fundamental-attribution-error.

18. En referencia a *hell* (infierno).

Capítulo 8: ¿Por qué enviaría Dios a las personas al infierno?

19. Mike Nappa, «What Did Jesus Say about Hell?», *Christianity.com*, 5 de septiembre de 2023, disponible en: www.christianity.com/wiki/heaven-and-hell/what-did-jesus-say-about-hell.html.

20. John Ortberg tiene algunas de las enseñanzas más claras y convincentes que he escuchado sobre el tema del cielo y el infierno, y comparto algunas de sus ideas. Véase, por ejemplo, su sermón «The Bad News about Heaven», en *ReGeneration Project*, 24 de enero de 2019, video de YouTube, disponible en: www.youtube.com/watch?v=bRKMd6V5AF8.

21. John Ortberg, *Eternity Is Now in Session: A Radical Rediscovery of What Jesus Really Taught about Salvation, Eternity, and Getting to the Good Place* (Carol Stream, IL: Tyndale, 2018), p. 12.

22. «Max Lucado: A Conversation about Hell», en *Life Today*, 18 de marzo de 2022, video de YouTube, disponible en: www.youtube.com/watch?v=0JD6HZKj4gc.

23. David Platt, *Exalting Jesus in Matthew* (Brentwood, TN: Holman Bible Publishers, 2013), p. 223.

Capítulo 9: ¿Por qué creer en la Biblia si la ciencia la contradice?

24. «The Hall of Faith, Day 3 of 4: Trust God for the Unseen», en *Bible. com*, consultado el 14 de junio de 2024, disponible en: www.bible.com/reading-plans/18755-the-hall-of-faith/day/3.

25. Raymond Tallis, «Did Time Begin with a Bang?», en *Philosophy Now*, 2012, disponible en: https://philosophynow.org/issues/92/Did_Time_Begin_With_A_Bang.

26. Vicky Stein, «Einstein's Theory of Special Relativity», en *Space.com*, 1 de febrero de 2022, disponible en: www.space.com/36273-theory-special-relativity.html.

27. Hugh Ross, «Cosmology's Holy Grail», en *Christianity Today*, 12 de diciembre de 1994, disponible en: https://www.christianitytoday.com/magazine/1994/december-12/.

28. Hugh Ross, «Anthropic Principle: A Precise Plan for Humanity», en *Reasons to Believe*, consultado el 1 de enero de 2002, disponible en: https://reasons.org/explore/publications/facts-for-faith/anthropic-principle-a-precise-plan-for-humanity.

29. David H. Bailey, «Is the Universe Fine-Tuned for Intelligent Life?», en *Math Scholar*, 1 de abril de 2017, disponible en: https://mathscholar.org/2017/04/is-the-universe-fine-tuned-for-intelligent-life/#:~:text=Physicist%20Roger%20Penrose%20has%20calculated,particles%20in%20the%20observable%20universe.

30. Francis Collins, «Is There a God and Does He Care about Me?», en *BioLogos*, consultado el 16 de diciembre de 2019, disponible en: https://biologos.org/personal-stories/is-there-a-god-and-does-he-care-about-me-the-testimony-of-biologos-founder-francis-collins.

31. Francis S. Collins, *The Language of God: A Scientist Presents Evidence for Belief* (Nueva York: Free Press, 2006), p. 211.